자기 주도적인 아이들을 위한 식습관

자기 주도적인 아이들을 위한
식습관

초판 1쇄 인쇄 2022년 3월 14일
초판 1쇄 발행 2022년 3월 21일

글 김가은
그림 수아

펴낸곳 대림출판미디어
펴낸이 유영일
마케팅 신진섭
등록 제2021-000005호
주소 서울시 영등포구 대림로34다길 16, 다청림 101동 301호
전화 02-843-9465
팩스 02-6455-9495
E-mail yyi73@naver.com
Blog blog.daum.net/dae9495

ISBN 979-11-951831-0-4
        979-11-975080-5-9 (세트)

※ 값은 뒤표지에 있습니다. 잘못된 책은 바꾸어 드립니다.

대림아이 자기 주도 학습동화 02

자기 주도적인 아이들을 위한

식습관

김가은 글 | 수아 그림

대림아이

머리말

올바른 식습관을 길러요

　이 책에는 편식으로 힘들어하는 친구들이 등장해요. 입맛에 따라, 체질에 따라 편식을 할 수도 있어요. 편식을 한다고 해서 '문제 있는' 어린이라고 말하고 싶진 않아요. 누구나 좋아하는 음식, 싫어하는 음식이 다를 수 있으니까요.

　어떤 친구들에게 물어보니까 싫어하는 음식이 하나쯤 있을 수도 있는데 그것을 나쁘다고만 말하니까 괜히 위축되기도 하고 짜증도 난다고요. 맞는 말이에요. 그래서 이 책에서는 무조건 골고루 먹으라고 얘기하고 싶지는 않았어요. 다른 방식으로 조리해서 먹어도 되고, 같은 영양소를 가진 다른 음식으로 대체해도 되니까요.

　그런데 어떤 친구는 음식 재료에 대한 막연한 두려움을 갖기도 해요. 먹어 보지 못한 음식이거나, 익숙하지 않은 식감이거나, 안 좋은 기억이 있는 음식일 수도 있죠. 그런 친구들에게는 음식과 친해질 시간이 필요하겠죠? 우유와 생선을 싫어하는 소현이에게 엄마가 다양한 방법으로 조리해서 음식 재료에 대한 거부감을 씻게 해 준 것도 한 방법이었어요. 또 개교기념일에 소현이와 친구들이 직접 우유를 이용한 음식을 만들면서 호기심과 흥미를 느끼게 된 것도 바른 식습관을 갖게 된 한 방법이었죠.

  먹는 것에 대해서는 우리 친구들도 하고 싶은 말이 아주 많을 거예요. 어른들이 말하는 '바른 식습관'에 대해서도 하고 싶은 말이 있을 테고, 저마다 맛있게 먹는 비법도 있을 테고요.

  이 책을 읽고서 친구들과 바른 식습관에 대해 이야기를 나눠 보세요. 부모님에게도 먹는 것에 대한 여러분의 즐거움과 호기심, 두려움과 거부감 등을 솔직하게 이야기해 보세요.

  서로 마음을 열고 이야기 나누면 앞으로 여러분의 식사 시간이 훨씬 즐겁고 행복한 시간으로 바뀔 거예요. 즐겁고 바른 식습관으로 어린이 친구들의 몸과 마음이 더 튼튼하게 자라길 바랍니다.

김가은

목차

1. 자반고등어 vs 떡볶이 ★ 10
2. 멸치가 무슨 해산물이야? ★ 20
3. 우유 급식 시간 ★ 29
4. 세상에서 제일 하기 싫은 숙제 ★ 37
5. 제주도 여행과 갈치조림 ★ 46
6. 내 키가 꼴찌라고? ★ 57
7. 키 작은 게 어때서? ★ 66
8. 우리는 삼총사 ★ 76
9. 새로운 요리법이 필요해 ★ 81

10. 우리 엄마도 일등 요리사 ★ 92

11. 떡볶이가 푸딩을 만났을 때 ★ 103

12. 우유가 좋아 ★ 111

13. 겨울방학 특급 이벤트 ★ 120

1. 자반고등어 VS 떡볶이

그런 날이 있어요. 특별히 좋은 일도 없지만, 왠지 모르게 기분 좋고 뭐든 착착 잘 맞아떨어지는 그런 날이요. 소현이에게도 오늘은 그런 날이었어요. 왠지 모르게 기분 좋은 날. 점심시간 전까지는 그랬죠.

점심시간, 식판을 들고 자리에 앉은 소현이는 실망한 표정으로 식판을 바라봤어요. 밥, 시금치, 된장국, 자반고등어, 콩나물무침, 배추김치. 왠지 모르게 기분 좋은 날, 점심 메뉴도 은근 기대했는데 하필 자반고등어라니! 소현이는 자반고등어에서 나는 비린내를 정말 싫어했어요. 저걸 먹는다는 상상만 해도 있던 밥맛까지 뚝 떨어지는 것 같았지요.

"왜 그래?"

소현이가 한참 동안 먹지 않자 짝꿍인 지민이가 물었어요.

"나는 해산물을 안 좋아해서 자반고등어는 안 먹거든. 그런데 선생님께서 식판 검사하시니까 먹기는 해야 해서……."

"그럼 내가 대신 먹어 줄까? 나 음식 가리는 거 없거든. 해산물도 좋아해."

지민이는 가리는 음식 없이 뭐든 잘 먹었고, 스스로도 그걸 늘 자랑스럽게 여겼어요. 그래서 소현이에게 자반고등어를 선뜻 대신 먹어 주겠다고도 말했어요.

"정말? 그럼 내 콩나물하고 김치도 먹어 줄 수 있어? 콩나물은 뭔가 비린내 나서 싫고, 김치 먹으면 속이 막 울렁거려."

채소를 싫어하는 찬성이는 지민이에게 자기 식판에 있는 콩나물무침과 김치도 대신 먹어 달라고 부탁했어요.

"그래, 다 먹어 줄게. 오늘은 포식하겠다."

지민이는 어깨를 으쓱하며 찬성이한테도 대신 먹어 주겠다고 대답했어요.

"그럼 먼저 자반고등어부터 가져갈게."

지민이가 젓가락으로 소현이의 식판에 있는 자반고등어를 들어 올리려고 할 때였어요.

"지민아, 소현이 대신 먹어 주면 안 돼. 자기 것은 자기가 먹어야 하겠죠?"

그만 선생님에게 딱 걸리고 말았어요. 지민이는 선생님과 눈이 마주치자 슬그머니 젓가락으로 집은 자반고등어를 내려놓고 바로 앉았어요. 찬성이는 눈치를 슬쩍 보더니 콩나물 하나를 집어 들어 입 속으로 쏙 넣었어요.

"윽!"

찬성이가 저도 모르게 신음을 삼켰어요.

소현이는 한숨을 폭 내쉬었어요. 그리고 오늘은 엄청 힘든 점심시간이 될 거라고 생각했지요.

선생님은 평소에 반 아이들이 골고루 먹도록 급식 검사를 했어요. 다른 반 선생님들은 가끔씩 검사를 한다는데, 소현이네 반 담임 선생님은 매일 매의 눈으로 검사를 했어요.

물론 소현이와 찬성이도 그동안 급식을 다 먹으려고 온갖 노력을 해 봤어요. 좋아하는 메뉴가 아닐 때는 받을 때부터 조금만 받으려고 애쓰기도 했고, 코를 막고 꿀떡 삼켜 버린 적도 있어요. 심지어

찬성이는 입안에 음식을 숨겨 두고 검사를 맡은 다음 뱉어 버린 적도 있어요.

하지만 어떤 잔머리와 노력에도 해치우지 못한 음식이 있게 마련이에요. 그럴 때는 선생님의 변덕에 기대해 봐야 하지요.

어느 때는 너그럽게 넘어가 주기도 하거든요. 재수가 없으면 선생님이 보는 앞에서 음식을 먹어야 했어요. 하지만 소현이도, 찬성이도 선생님이 어느 때 너그럽고 어느 때 그렇지 않은지 갈피를 잡을 수 없었어요.

오늘도 선생님은 소현이에게 선생님 앞에서 고등어를 먹으라고 했어요.

"해산물에 알레르기가 있는 것도 아니잖아. 조금씩이라도 먹어 봐. 먹고 싶은 거만 골라 먹지 말고 음식을 골고루 먹어야지."

선생님이 타이르자 소현이는 꾹 참고 자반고등어를 한 점 떼어 입에 넣었어요. 비린내가 입안 가득 퍼졌어요. 바로 토하고 싶었지만, 선생님 앞이라서 꿀꺽 삼킬 수밖에 없었어요. 그 모습을 본 선생님은 빙긋 웃으며 소현이를 지나가며 말했어요.

"1반 친구들, 음식을 가리지 않고 골고루 먹어야 키도 쑥쑥 크고 건강해질 수 있어요. 남기지 말고 싹싹 먹도록 합시다."

그 말에 소현이와 찬성이는 입술을 삐죽 내밀었어요. 열 번만 더 들으면 100번 듣는 말이거든요.

그때 지민이는 속으로 다른 생각을 했어요.

'나는 가리는 것 없이 골고루 잘 먹는데 왜 우리 반에서 키가 제일 작을까? 편식이 심한 찬성이와 소현이도 반에서 키 순서로 2번, 3번이긴 하지만 나보다는 키가 크잖아.'

지민이는 편식 없이 무엇이든 잘 먹지만 반에서 가장 키가 작아요. 잘 먹으면 키가 큰다는 어른들의 말에 매번 남기지 않고 끝까지 잘 먹었지만, 여전히 키는 제일 작아요.

'선생님, 저는 잘 먹는데 왜 키가 작아요?'

지민이는 당장이라도 손을 들고 질문하고 싶었지만, 꾹 참았어요. 어차피 나중에 클 거라는 대답이 돌아올 테니까요.

소현이와 찬성이는 학교 수업이 끝나고 나란히 교문을 나왔어요.

"나는 채소는 다 싫어. 오늘 김치랑 콩나물은 정말 억지로 먹은 거야. 왜 다들 골고루 먹으라고만 하는 걸까? 키가 안 크는 것보다 억지로 꾸역꾸역 먹는 게 훨씬 더 싫은데. 난 그냥 안 먹고 안 클래. 키가 꼭 커야 하는 건 아니잖아."

찬성이가 고개를 절레절레 저으며 말했어요.

"난 키는 컸으면 좋겠어. 하지만 해산물하고 두부, 우유는 정말 싫어. 해산물은 비린내 나고 두부는 식감이 싫어. 우유도 느끼하고 비

린내 나. 골고루 먹으면 키도 크고, 건강해진다고 하니까 먹긴 해야 하는데, 맛만 있었다면 다 먹었을 거야. 하지만 진짜 진짜 맛이 없는 걸. 엄마는 다 맛있다고 하면서 먹으라고 하지만, 내 입에는 아니야. 오늘 자반고등어 먹으면서는 정말 토하고 싶었어."

소현이는 점심때 먹은 자반고등어를 생각하니 다시 속이 울렁거리는 것 같았어요. 얘기만 했는데도 몸서리가 쳐질 정도였어요.

"그런 차원에서 오늘 떡볶이 콜?"

찬성이가 명자씨 떡볶이를 가리키며 말했어요. 초등학교 교문 앞에 있는 명자씨 떡볶이는 세계 최고의 떡볶이 맛을 자랑하는 분식집이에요. 초등학생들 입맛에 딱 맞게 매콤달콤한 떡볶이 덕분에 항상 자리가 부족할 정도지요.

"떡볶이는 진리지."

소현이가 명자씨 떡볶이로 바로 걸어 들어가며 말했어요.

"어서 오렴!"

사장님이 푸근하게 웃으며 소현이와 찬성이를 맞았어요. 다섯 테이블 중 벌써 세 테이블이나 손님이 있었어요. 소현이와 찬성이는 남은 한자리에 앉아 주문했어요.

"사장님, 떡볶이 1인분요."

주문하고 2분도 안 되어서 사장님이 떡볶이 2인분 같은 1인분을

푸짐하게 내왔어요.

"오, 예술~."

소현이가 떡볶이 한 개를 집어 먹고 감탄을 했어요.

"평생 명자씨네 떡볶이만 먹고 살라면 살 수 있을 거 같아."

소현이도 포크로 떡볶이 두 개를 동시에 집어서 입에 넣었어요.

"자반고등어도 굽지 않고 이렇게 해주면 먹을 수 있으려나?"

찬성이가 떡볶이를 또 한 번 집어 먹고 말했어요.

"난 그래도 못 먹을 거 같은데……."

소현이는 고개를 가로저었어요.

"명자씨가 요리해도?"

"음…… 글쎄……. 먹을 수 있으려나? 모르겠다. 일단 나는 떡볶이에 충실할래."

"어, 나도."

조잘조잘 떠들며 둘은 떡볶이를 10분도 안 돼 다 먹어 버렸어요.

"쩝. 아, 벌써……."

둘은 입맛을 다시며 아쉬워했어요.

2. 멸치가 무슨 해산물이야?

"소현아, 골고루 먹어야지. 넌 왜 키 크는 음식은 다 패스야? 여기 이 멸치를 먹어야 키도 크고 뼈도 단단해지는 거야."

또 잔소리. 소현이는 입을 삐죽거리며 젓가락을 내려놓았어요.

소현이네 식사 시간은 매번 엄마, 아빠의 잔소리로 시작해서 잔소리로 끝나요. 소현이의 엄마, 아빠는 소현이가 편식해서 건강이 나빠지지는 않을까, 키가 크지 않는 건 아닐까 걱정이 산더미예요. 하지만 소현이는 건강도 건강이지만 맛이 훨씬 더 중요해요. 맛없는 음식을 억지로 먹을 수는 없단 말이죠.

"박소현, 젓가락 안 들어?"

아빠가 엄한 목소리로 말했어요. 소현이는 멸치와 눈싸움을 하며 한참을 고민했어요.

"박소현, 어서 먹어 봐."

멸치와 대치 중인 소현이를 엄마가 다시 재촉했어요. 하지만 역시나 멸치는 죽어도 먹기 싫은 음식 중 하나예요.

"하지만 멸치가 날 째려본단 말이에요. 그리고 너무 딱딱해서 먹기 힘들어요. 멸치는 안 먹을래요. 해산물은 비려서 싫어요."

소현이는 고개를 절레절레 저었어요.

"멸치가 무슨 해산물이야. 이렇게 조그만데……. 다른 생선들처럼 비리지도 않아. 얼마나 고소한데 그래. 멸치도 안 먹지, 우유도 안 먹지. 그러니까 키가 안 크는 거 아냐."

소현이의 엄마는 멸치를 소현이의 앞으로 바짝 밀어주며 가자미 눈으로 쳐다보았어요.

소현이에겐 그게 어떤 일이 있어도 먹으라는 무언의 압박으로 느껴졌지만, 그래도 안 되는 건 안 되는 것이었어요.

"그래도 못 먹겠어요."

소현이는 다시 멸치를 식탁 중앙으로 밀면서 말했어요.

"소현아, 그래도 멸치는 먹어야 해. 고기 한 점 먹을 때마다 멸치 한 젓가락씩 먹는 거로 하자."

아빠가 타협점을 내밀었어요. 슬쩍 엄마 눈치를 보니 여기서 멸치 몇 마리 먹지 않으면 자리에서 못 일어날 것만 같았어요. 소현이는 가장 좋아하는 불고기를 포기하고 싶지는 않았기 때문에 멸치 두세 마리를 조금 집어서 꿀떡 삼키고, 바로 불고기를 입에 잔뜩 집어넣었어요. 그렇게 하는 것이 멸치를 가장 덜 느끼는 방법이었어요.

그제야 엄마, 아빠의 눈빛이 풀어졌어요.

"소현아, 꼭꼭 씹고 넘겨야지."

하지만 엄마는 만만치 않았어요. 멸치를 먹는 것을 떠나 한 단계 끌어올려서 꼭꼭 씹으라고 하다니요. 소현이에겐 세상에서 가장 힘든 일처럼 느껴졌어요.

"먹기만 하면 되는 거잖아요. 씹는 건 정말 힘들단 말이에요."

"음식은 씹고 넘겨야 하는 거야. 그렇게 넘기면 소화에도 안 좋아."

"그럼 안 먹을래요."

소현이는 결국 젓가락을 다시 내려놓고 말았어요.

"박소현!"

엄마는 좀 더 큰 목소리로 소현이를 불렀지만, 소현이는 눈물이 그렁그렁 맺혀서 그대로 자기 방으로 들어가 버렸어요.

소현이는 왜 멸치를 먹어야 하는지 생각할수록 더 서러워졌어요. 왜 맛도 없고 비리고 딱딱하기만 한 멸치를 먹어야 하는 걸까요? 왜 다들 건강과 키를 이유로 억지로 먹게 하는 걸까요? 게다가 멸치가 해산물이 아니라고요? 아무리 작아도 해산물은 해산물인데, 엄마는 멸치를 먹일 생각에 멸치가 해산물이 아니라고 우기기까지 했어요.

소현이는 맛있는 불고기를 한 점밖에 못 먹고, 식탁에서 멸치 때문에 잔소리만 한가득 들은 것 같아 속이 상했어요. 잘못한 것도 없는데 왜 멸치 때문에 야단을 맞아야 할까요?

"박소현, 식사 시간에 그렇게 들어가도 되는 거야? 먹기 싫다고 그러면 안 되는 거야. 나와, 나와서 밥 먹어."

소현이는 멸치를 안 먹었다는 이유로 혼나는 것도 서럽고, 또 억지로 멸치를 먹어야 하는 것도 서러웠어요. 그래서 결국 울음이 터졌답니다.

"왜 울어, 울 일 아니잖아. 멸치도 먹으면 맛있어. 네가 많이 안 먹어 봐서 그래. 얼른 나와서 밥 먹어라."

엄마의 목소리가 점점 커졌어요.

"여보, 소현이 그러다 체하겠다. 오늘은 내버려 두자."

아빠가 엄마를 말리자 엄마는 아래층 사람들이 다 들을 만큼 크게 한숨을 쉬면서 방문을 탁 닫고 나갔어요.

소현이는 엄마도, 멸치도 다 원망스러웠어요.

'절대, 절대, 절대 안 먹어. 멸치는 최악이야. 두고 봐. 내가 먹나.'

소현이는 억울한 마음에 겨우 한두 입 먹은 저녁이 얹힌 듯 속이 답답했어요. 그날 밤에는 잠도 잘 오지 않았답니다. 10시, 11시, 12시…… 이불을 뒤집어쓰고 두 눈을 꼭 감았지만 12시가 다 되어 가도록 눈이 말똥말똥했어요. 배가 고파서였을까요?

주린 배를 부여잡고 어찌어찌하다 겨우겨우 잠이 들었어요. 그런데 멸치 왕국에서 멸치들에게 쫓기는 꿈을 꾸었지 뭐예요?

"으악, 사람 살려!"

소현이는 멸치들을 피해 무작정 달렸어요.

"소현아, 친하게 지내자."

"우리도 알고 보면 고소하단다."

멸치들에게 쫓기며 소현이는 숨이 턱턱 막혔어요. 얼마나 많이 달렸는지 몰라요. 얼마나 빨리 달렸는지 몰라요. 하지만 조금 뒤, 소현이는 멸치들에게 둘러싸이고 말았어요. 수백 개의 멸치 눈이 소현이를 뚫어지라 보고 있었어요. 멸치들이 금방이라도 소현이를 잡아먹을 것만 같았어요.

"엄마, 살려 줘요!"

소현이는 엄마를 간절히 부르며 도움을 요청했어요.

"소현아, 멸치들과 친해지기 전에는 거기 멸치 왕국을 벗어날 수 없어."

저 멀리서 엄마가 말했어요.

"아빠! 아빠, 살려 줘요!"

소현이는 아빠를 애타게 불렀지만, 아빠는 엄마 뒤에서 딴청을 피울 뿐이었어요. 소현이를 도와줄 사람은 없었어요.

"멸치 싫어. 정말 싫어. 절대 안 먹을 거란 말이야."

소현이는 고래고래 소리를 질렀어요. 누구도 들어 주지 않았지만, 누군가는 제발 자기의 목소리를 들어 주기를 바라면서요.

3. 우유 급식 시간

쉬는 시간 종이 울리자 우유 당번들이 우유 상자를 들고 왔어요. 우유 급식 시간은 소현이가 싫어하는 시간 중 하나예요. 억지로 우유를 먹어야 하는 시간이기 때문이지요. 집에서는 먹기 싫다고 고개를 휘휘 저으면 엄마도 마지막에 가서는 "휴!" 한숨을 쉬고 물러나는데, 학교에서는 그게 쉽지 않아요.

우유를 먹지 않고 집에 가져가서 먹어도 되냐고 선생님에게 여쭤본 적도 있었지만, 선생님은 고개를 휘휘 저었어요. 우유가 상하거나 터질지도 모른다고요. 처음 몇 번은 더 먹고 싶어 하는 친구에게 주거나 몰래 화장실에 버리고는 했는데, 선생님이 어떻게 알았는지 오늘은 소현이를 꼭 찍어 주의를 시켰어요.

"소현아, 우유를 많이 마셔야 키도 크고 뼈도 단단해지는 거란다. 매번 다른 친구한테 주거나 화장실로 몰래 가져가서 버렸지? 우유 급식을 신청해 두고 매번 안 먹으면 어떡하니? 선생님은 소현이가 우유를 마시는지 안 마시는지 지켜볼 거야. 우유 많이 먹고 많이 크자."

선생님이 우유를 들고 눈치를 보는 소현이에게 말했어요.

"네, 선생님."

소현이는 오늘은 어쩔 수 없이 먹어야 할 것 같다고 생각했어요. 자리로 돌아와 우유 팩을 뜯는 손이 한없이 꾸물댔어요. 벌써 다 마시고 입가를 닦는 친구들도 있었지만, 소현이는 아직도 손톱으로 우유 팩 입구를 깔짝깔짝 긁어 댈 뿐이었지요.

"난 진짜 우유가 싫어."

소현이가 가까이 앉은 지민이와 찬성이만 들을 정도로 작은 목소리로 말했어요.

"내가 대신 먹어 줄게. 나 하나 정도는 더 먹을 수 있어. 오늘 아침에 우유 안 마셨거든."

지민이가 말했어요.

"아니야, 방금 선생님께서 그동안 다른 친구들한테 대신 먹어 달라고 했던 걸 알고 혼내셨어. 오늘은 내가 우유를 마셨는지 확인까지 할 테니까 먹어야지."

소현이가 한숨을 쉬며 말했어요.

"오늘은 배 아프다고 해. 선생님도 그러면 먹으라고 강요하진 않으실 거야."

찬성이가 곰곰이 생각하더니 말했어요.

"에이, 거짓말인 줄 다 아실 걸. 소현아, 찬성이 말 듣지 마."

지민이는 선생님에게 거짓말하라고 얘기하는 찬성이를 말렸어요. 거짓말은 나쁘니까요.

바로 그때 기발한 생각이 소현이의 머리를 스치고 지나갔어요.

'실수인 척 엎어 버릴까?'

소현이는 자신을 스스로 천재라고 생각했어요.

'왜 이 생각을 못 했지?'

"소현이 너, 이거 먹고 지난번처럼 하루 종일 배 아프다고 찡찡대는 거 아냐?"

지민이가 걱정 어린 목소리로 말했어요.

그때 반에서 제일 장난꾸러기인 태영이가 책상 옆을 지나가다가

소현이 어깨를 툭 치고 지나갔어요. 그 바람에 막 우유 팩 입구를 뜯은 소현이가 우유 팩을 손에서 바닥으로 떨어뜨리고 말았어요.

"어머!"

소현이와 지민이가 놀라서 동시에 자리에서 벌떡 일어났어요. 갑작스러운 작은 소동에 반 아이들의 시선이 소현이와 바닥에 떨어진 우유 팩에 쏟아졌어요.

"박소현! 이게 무슨 일이야?"

선생님이 놀라서 가까이 다가왔어요. 그리고 쏟아진 우유 팩을 보더니 뭔가 마음에 안 드는 표정으로 나무라듯 말했어요.

"박소현, 너 혹시 우유 마시기 싫어서 일부러 우유 엎지른 거야?"

"아니에요. 태영이가 지나가면서 어깨를 치는 바람에 실수로, 진짜 실수로 엎지른 거예요."

소현이는 정말 억울했어요. 머릿속으로 잠깐 엎지를까 생각은 했지만 그건 어디까지나 진짜로 생각뿐이었고, 우유를 엎지른 건 불의의 사고일 뿐이었어요. 하지만 선생님은 믿는 표정이 아니었어요.

"휴지 가져와서 바닥 닦은 다음에 우유 새로 받아 가. 다음에도 이러면 혼낼 거야."

선생님은 이렇게 말하고 냉정하게 돌아섰어요.

소현이는 정말 고의가 아니었다고 다시 말하고 싶었지만, 선생님의 등 뒤에 대고 더는 말하진 못했어요.

지민이가 바닥 닦는 걸 도와주며 소현이를 위로했어요.

"일부러 그런 거 아닌데 억울하겠다."

"휴!"

소현이는 억울하고 짜증 난 마음에 울음이 터질 것 같았지만 꾹 참았어요. 친구들 앞에서 울보까지는 되고 싶진 않았거든요.

선생님께 우유를 새로 받아 와서 자리에 앉자 태영이가 가까이 다가왔어요.

"소현아, 미안해. 나 때문에……. 너 우유 안 좋아하지? 이거 하나 먹을래?"

태영이는 코코아 가루 봉지 하나를 내밀며 말했어요.

"그게 뭐야?"

소현이가 처음 보는 봉지에 신기해하며 물었어요.

"이거 코코아 가루야. 우유에 타서 먹으면 비릿한 우유 냄새도 덜 나고, 달고 맛있게 마실 수 있어."

태영이는 학교 앞 편의점 사장님의 아들이에요. 그래서 자주 맛있는 과자나 신기한 것들을 가져오고는 하지요. 그래서 쉬는 시간마다 태영이가 가져온 과자를 얻어먹으려는 친구들로 태영이 자리는 북적북적했어요.

"진짜? 우유에다 그냥 타 먹으면 돼? 그럼 나 하나만 줘. "

"응. 간단해. 나도 너처럼 우유 정말 안 좋아하는데 이거 타면 그래도 달게 먹을 수 있어."

태영이가 소현이에게 코코아 가루를 하나 건네주며 말했어요.

"태영아, 고마워. 나도 먹어 보고 맛있으면 내일부터는 코코아 가루 가져와야겠다."

소현이는 태영이가 준 코코아 가루를 타서 우유를 한 모금 마셔 보았어요.

"오!"

소현이의 눈이 동그랗게 떠졌어요.

"맛있어?"

옆에서 지민이와 찬성이가 궁금한 듯 물었어요.

"우유 냄새, 하나도 안 나."

소현이가 빙그레 웃으며 말했어요.

"그치? 그치, 그치?"

태영이도 자기 일처럼 기뻐하며 말했어요.

소현이는 어제 찬성이와 나눈 대화를 떠올렸어요.

'어쩌면 내가 싫어하는 음식 재료를 맛있게 만들면 먹을 수 있지 않을까?'

소현이는 코코아 가루가 마법의 가루처럼 느껴졌어요. 비릿하고 느끼한 우유를 달콤하게 변신시켜 주는 마법의 가루. 어쩌면 여기에 답이 있을지도 몰라요.

'아무리 그래도 고등어는 맛있게 못 먹을 거 같지만.'

 소현이는 피식 웃으며 이렇게 생각했어요. 고등어는 고등어니까요. 우유에는 코코아를 타서 먹을 수 있지만, 고등어에는 코코아 가루를 뿌릴 수 없잖아요.

4. 세상에서 제일 하기 싫은 숙제

 소현이는 1학기 내내 엄마와 '먹는 것과의 사투'를 했어요. 소현이가 싫어하는데도 엄마는 생선을 꼬박꼬박 식탁에 올렸고, 학교에서도 일주일에 한 번씩은 점심에 나왔어요.
 우유는 그나마 태영이가 알려 준 대로 코코아 타 먹으면서 선생님의 감시를 벗어났지만, 그것도 한 달 정도 먹으니까 슬슬 지겨워지기 시작했어요.
 어느덧 시간이 흘러 1학기가 끝나고 방학하는 날이 되었어요. 교실 안은 아침부터 한껏 들뜬 분위기였어요. 반 아이들은 방학에 이것저것 할 계획이라며 신나게 이야기꽃을 피우고 있었어요.

"여러분, 내일부터는 방학이에요. 실컷 놀고 싶겠지만 해야 할 것들이 있어요. 선생님이 나눠준 프린트에는 방학에 숙제로 할 것들이 적혀 있죠? 읽어 볼까요?"

"규칙적인 생활하기, 운동하기, 골고루 먹기, 일기 쓰기 주 2회 이상, 독후감 쓰기 주 1회 이상, 선택 과제 2개 이상 하기."

숙제 목록을 읽은 아이들은 저마다 한숨을 쉬기도 하고, 일기 쓰는 게 싫다고 말하는 아이도 있었어요. 하지만 소현이의 눈에는 '골고루 먹기'라는 글자만 들어왔어요. 방학 숙제마저도 잔소리하다니! 꼭 소현이보고 하는 말 같았어요. 어쩌면 세상에서 제일 하기 싫은 숙제 중 하나일지도 몰라요.

"찬성아, 숙제가 '골고루 먹기'라는 게 말이 된다고 생각해?"

소현이가 '골고루 먹기'라는 항목을 가리키며 작게 속삭였어요.

"아니, 당연히 말도 안 되지. 하지만 어차피 선생님도 검사 못 하실 텐데, 뭐. 나는 안 할 거야."

찬성이는 '골고루 먹기'라는 항목에 몰래 X 표시를 했어요. 소현이는 그걸 보고 몰래 웃었어요. 이런 부분에서는 찬성이랑 말이 잘 통했어요.

"1반 친구들, 일기는 일주일에 두 편씩, 독후감은 일주일에 한 편씩 꼭 밀리지 않게 쓰도록 하세요. 물론 더 쓰는 건 안 말릴게요. 개학 3일 전에 후다닥 몰아 쓰는 일은 없도록 하세요. 선택 과제는 각자 관심 있는 것을 하면 돼요. 뒷장에 보면 선택 과제 예시가 있으니까 따로 하고 싶은 게 없는 사람은 그걸 해도 좋아요."

선생님은 잠깐 숨을 쉬고 다시 말을 했어요.

"사실 과제도 중요하지만 건강하게 방학을 보내는 게 가장 중요해요. 그래서 규칙적인 생활과 운동, 골고루 먹기도 숙제로 넣었어요. 방학이라고 너무 늦게 자고 늦게 일어나면 키 성장에도 좋지 않고, 생활 방식이 망가지는 거 알고 있죠? 일찍 자고 일찍 일어납시다. 또 각자 운동을 했으면 해요. 원래 수영이나 태권도 같은 운동을 배우던 친구는 꾸준히 하면 좋겠고, 안 하는 친구도 줄넘기라든지, 가볍게 할 수 있는 운동을 했으면 해요. 그래도 너무 더운 날씨에는 조심해야겠죠? 그리고 방학 동안 편식 없이 골고루 먹도록 합시다. 안 먹어 본 음식에 도전해 보는 것도 좋을 것 같아요. 아, 패스트푸드나 불량 식품은 너무 많이 먹지 않도록 합시다. 탈이 날 수도 있고, 특히 여름엔 식중독을 조심해야 하는 거 알죠? 손은 깨끗이 씻고, 익히지 않은 음식은 먹지 마세요. 알겠죠?"

선생님은 먹는 것에 대해서 평소에 엄격한 성격이라 그런지 방학

종례를 하면서 먹는 것 관련해서 가장 길게 이야기를 했어요. 가만히 듣고 있던 지현이는 찬성이처럼 '골고루 먹기' 항목에 슬그머니 X 표시를 해 버렸어요.

"……다치지 않도록 조심하고, 특히 물가에서 놀 때는 보호자와 함께 해야 해요. 즐거운 방학 보내세요."

드디어 길고 긴 선생님의 말씀이 끝났어요. 그만큼 아이들에 대한 걱정이 많았나 봐요. 반 아이들도 그 마음은 알았지만, 이야기가 너무 길어지니 지루해서 손을 꼼지락거렸답니다. 선생님의 말씀이 끝나자마자 드디어 끝났다는 마음 반, 방학에 대한 설렘 반으로 아이들의 얼굴이 밝아졌어요.

"그럼 개학 날에 건강하게 만나요."

"네, 선생님!"

아이들은 기쁜 마음으로 우렁차게 대답했어요. 아이들은 서로 방학 잘 보내라고 인사하기도 하고 한 달 동안 뵙지 못할 선생님에게 다가가 정답게 인사를 하기도 했어요. 그리고 신나는 방학을 기대하며 우르르 교실을 나섰답니다.

소현이와 찬성이, 지민이도 방학에 할 것들을 얘기하며 교실을 나섰어요.

"지민아, 너는 방학에 뭐 할 거야?"

소현이가 물었어요.

"나는 방학 동안 외할머니 댁에 가 있을 거야. 우리 할머니 댁에는 염소도 있고, 강아지도 있고, 병아리도 있다. 그리고 할머니 댁에서 조금 올라가면 시원한 계곡도 있고, 차 타고 조금 나가면 바다도 있어. 할머니 댁 가면 맨날 옥수수 먹고 수박 먹고 재밌게 놀 수 있어. 나 방학 끝나면 완전 새까맣게 타서 올 거야."

지민이는 외할머니 댁에서 신나게 놀 생각으로 눈이 반짝거렸어요. 찬성이와 소현이는 그런 지민이가 부러웠어요.

"우아, 정말 재밌겠다. 나는 아마 집에서 맨날 게임을 하고, TV만 볼 것 같아. 아, 아빠가 나랑 워터파크 가기로 약속하셨어. 내가 수영을 엄청 좋아해서 맨날 워터파크 가고 싶다고 노래 불렀거든."

찬성이가 신나는 표정으로 말했어요.

"부럽다. 나도 워터파크 가고 싶어."

지민이와 소현이가 입을 모아 말했어요.

"소현이 너는?"

찬성이가 실내화 가방을 운동화 앞코로 툭툭 차며 물었어요.

"나는 엄마, 아빠 여름휴가 때 제주도 가기로 했어. 나 제주도는 처음 가 봐. 잠수함도 타고, 말도 타고 이것저것 다 하기로 했지."

소현이네 가족은 이번 여름에 제주도를 가기로 했어요. 소현이와 엄마, 아빠, 모두 잔뜩 기대하는 중이에요. 비행기 티켓과 호텔은 이미 예약해 둔 상태고, 최근에는 저녁마다 제주도 맛집을 찾느라 바빠요. 여행은 뭐니 뭐니 해도 먹으러 다니는 거라는 게 엄마, 아빠의 생각이었으니까요.

"와, 나도 가고 싶어. 소현이 너, 기대 많이 해도 될 거야. 난 재작년에 제주도 갔었는데, 엄청 재밌었거든. 또 가고 싶다."

지민이가 재작년에 제주도를 갔던 기억을 떠올리며 말했어요. 그 말을 들은 소현이는 제주도 여행을 정말 기대하게 되었어요.

"그래, 엄청 기대할 거야. 다들 방학 즐겁게 보내. 지민이 너는 외할머니 댁에서 재밌게 놀다 오고, 찬성이는 워터파크 잘 갔다 와."

"너도 방학 재밌게 보내. 찬성이 너도."

"그래, 너희 둘 다 방학 잘 보내. 방학 동안 못 만나서 아쉽겠다."

찬성이와 지민이, 소현이는 서로 방학을 즐겁게 보내기로 약속하고 헤어졌어요. 소현이의 발걸음은 어느 때보다 사뿐사뿐 새털처럼 가벼웠어요.

앞으로 한 달, 즐거운 방학이 될 거예요.

5. 제주도 여행과 갈치조림

 드디어 오늘은 제주도에 가는 날입니다. 설레는 마음에 밤잠까지 설쳤지만, 아침 일찍 눈이 저절로 떠졌어요. 눈도 비비지도 않고 바로 방에서 나왔어요.
 "어머, 소현아 벌써 일어났니?"
 "그럼. 일찍 일어나서 세수하고 이쁜 옷 입어야지."
 "얘가 오늘 제주도 간다고 하니 평소에는 깨워도 안 일어나면서 오늘은 깨우지 않아도 아주 잘 일어나네. 제주도가 좋긴 하나 봐."

소현이네 가족은 제주도 여행을 왔어요. 계획한 대로 잠수함도 타고, 말도 타면서 즐거운 시간을 보냈어요. 소현이가 먹어 보고 싶었던 흑돼지 삼겹살도 먹고, 고기국수도 먹었어요. 소현이는 제주도에서 먹은 음식이 모두 맛있었어요. 그래서 마지막 날 저녁이 뭐가 될지 엄청 기대했답니다.

"엄마, 오늘 저녁에는 뭐 먹어요?"

"오늘 저녁은 갈치조림 먹을 거야. 제주도는 갈치 요리가 유명하거든. 엄청 맛있을 거야."

"난 갈치조림 싫은데!"

소현이가 실망해서 말했어요. 제주도에 맛있는 게 얼마나 많은데 하필 갈치조림을 먹는다는 걸까요? 그것도 소현이가 해산물을 싫어한다는 걸 빤히 알면서 어쩜 저녁 메뉴로 갈치조림을 선택한 걸까요?

"제주도에 와서 갈치조림을 안 먹는 게 이상한 거야. 다른 데서 먹는 거랑 차원이 다르다니까. 소현이 너 때문에 그동안 다 양보했으니까 이번엔 네가 엄마, 아빠한테 양보해."

"차라리 갈치조림을 처음에 먹었으면 좋았을 텐데……. 왜 하필 마지막 날 먹는 거예요? 오늘 먹으면 내일 비행기 타고 갈 때까지 내내 느끼할 거 같아요."

소현이는 갈치조림을 먹지 말자고 강력하게 주장하고 싶었지만, 차마 그렇게는 말하지 못하고 소심하게 투덜거렸어요. 엄마 말대로 한번은 양보하는 게 맞다 싶었으니까요. 하지만 솔직히 흑돼지 삼겹살이랑 고기국수는 엄마, 아빠가 훨씬 맛있게 먹었어요. 양보했다고 보긴 어렵죠.

소현이는 식당으로 가는 내내 울적했어요. 평소엔 조잘거리던 입도 오늘은 꾹 다물고 자동차 뒷자리에 앉아 창밖만 바라봤어요.

"다 왔다. 여기야."

저녁을 먹기로 한 식당에 드디어 도착했어요. 식당에 들어서자마자 갈치 냄새가 났어요. 소현이는 인상이 팍 찌푸려지는 걸 간신히 참았어요. 갈치조림을 주문하고 자리에 앉아 있으니 10분도 안 돼 음식이 나오기 시작했어요.

소현이는 식탁에 하나둘씩 놓이는 음식들을 바라보면서 먹을 게 하나도 없다고 생각했어요.

'완전 해산물 퍼레이드네!'

미역국에는 고기 대신 성게가 들어가 있었어요! 소현이는 마음속으로 조용히 X 표시를 했어요. 절대 먹기 싫은 음식이에요. 엄마, 아빠가 엄청 기대하던 갈치조림도 나왔어요. 보글보글 끓는 국물 한가운데 손바닥만 한 갈치 몸통들이 들썩거리고 있었어요.

'너도 아님!'

소현이는 이번에도 X 표시를 했어요. 이뿐만이 아니었어요. 갈치만으로도 부족한지 이름 모를 다른 생선구이도 나왔어요.

"소현아, 이거 먹어 봐. 톳무침이야. 이건 한 번도 못 먹었지?"

엄마가 젓가락으로 톳무침을 집어 먹으며 말했어요.

소현이는 톳무침을 먹어 본 적이 없었지만, 미역이나 다시마 친구일 것 같은 모양에 벌써 먹기 싫어졌어요. 설상가상으로 밥에는 전복이 들어 있었어요. 소현이가 먹지 않는 것들만 식탁에 올라온 모습을 보자, 소현이는 저녁은 걸러야겠다고 생각했어요.

"소현아, 먹자. 엄청 맛있을 것 같아."

소현이의 아빠가 수저를 들며 말했어요.

"아빠, 저는 배가 아파서 안 먹고 싶어요."

소현이는 용기를 내서 먹고 싶지 않다고 말했어요. 엄마, 아빠가 실망하고 걱정할 게 분명했지만 어쩔 수 없었어요.

"소현아, 그게 무슨 말이야? 배가 아파?"

엄마가 걱정 가득한 목소리로 물었어요.

이쯤 되면 솔직할 수밖에 없었어요.

"엄마, 그게 아니고요. 여기 있는 음식이 다 해산물로 만들어졌잖아요. 먹고 싶은 반찬이 하나도 없어요."

"소현아, 엄마 말 들어 봐. 해산물이라고 다 느끼하거나 맛없는 게 아니야. 먹어 보고 맛이 있나 없나 봐야지. 무조건 먹어 보지도 않고 맛없다고, 못 먹는다고 그러면 어떡해? 엄마, 진짜 속상하다. 엄마가 편식하면 안 된다고 말했잖아. 얼른 수저 들고 어여 먹어 봐."

소현이는 엄마의 말을 듣고 마지못해 수저를 들긴 했어요. 하지만 어떤 음식에도 쉽게 손이 가지 않았어요. 먼저 전복을 피해 밥만 살짝 떠서 입에 넣어 보았어요. 평소 먹던 밥과 다르게 묘하게 비릿한 맛이 느껴졌어요. 소현이는 '역시 그렇지.' 하며 밥을 몇 번 씹지도 않고 꿀떡 삼켜 버렸어요.

한참을 식탁 위에서 배회하던 소현이의 시선이 톳무침에 잠시 머물렀어요. 안 먹어 본 음식에 도전해 보라는 선생님의 말씀이 떠올랐어요. 그래서 톳무침과 잠시 눈싸움을 했어요.

'먹을 수 있을까? 괜찮을까?'

소현이는 고민 끝에 톳무침을 먹기로 결심하고 한 젓가락 집어 입에 넣으려고 했어요.

"으, 바다 냄새가 엄청나네."

소현이는 톳도 해산물이니까 어쩔 수 없이 비린내가 날 거라고 생각은 했지만 이렇게 심할 줄은 몰랐어요. 바닷가에 가서나 맡을 수 있는 냄새가 음식에서 난다니, 이건 말도 안 된다고 생각했어요. 톳

냄새에다가 초장 냄새까지 더해지니 쉽게 도전해 볼 수는 없었어요.

"소현아, 그게 맛있는 거야. 식감도 오돌오돌하니 좋잖아."

아빠는 톳무침을 쉽사리 먹지 못하는 소현이에게 말했어요. 그러면서 반찬 그릇에 있는 톳무침을 반이나 집어서 입으로 가져갔어요. 그러고는 톳무침이 세상에서 가장 맛있는 음식이라도 되는 것처럼 입안에 넣고 맛있게 씹었어요.

"먹어 봐."

엄마도 소현이를 재촉했어요.

"네, 먹어 볼게요."

소현이는 숨을 꾹 참고 톳을 입에 넣었어요. 아빠 말대로 오돌오돌 씹히는 식감이 재밌기는 했지만, 소현이에게는 그것조차도 너무 이상한 느낌이었어요. 게다가 초장 맛과 함께 미끌거리는 바다 맛이라니! 두 번 먹고 싶지는 않다는 게 소현이의 결론이었어요.

"엄마, 아빠, 이거는 못 먹겠어요."

소현이가 고개를 절레절레 저으며 말했어요.

"그래, 첫입에 아닐 수도 있지. 내 입에는 엄청 맛있는데, 소현이가 이 맛을 모른다는 게 아쉽네. 다른 거 먹어 봐."

아빠가 고개를 끄덕이며 말했어요.

"여보, 그렇게 말하면 안 되죠."

엄마가 아빠에게 눈치를 주었어요.

"소현아, 한번 먹어 보고 그렇게 단정 지으면 안 돼. 그렇게 한번만 먹어 보고 판단하면 먹을 만한 것도 맛없게 느껴지지. 네가 다른 건 다 먹으면서 그것만 안 먹는 것도 아니고. 다 먹기 싫으면 밥을 어떻게 먹을래? 이 식탁에서 네가 먹을 게 없다는 건, 네가 먹는 음식이 너무 한정되어 있다는 뜻이야. 편식 그만하고 밥 제대로 먹어."

엄마는 음식에 대해서 이제는 다시는 소현이에게 양보하긴 싫은가 봐요. 초등학교에 들어가고 나서 엄마는 부쩍 편식하는 것에 대해서 엄격하게 말했어요. 엄마가 소현이의 편식을 고치기 위해 이런저런 방법을 많이 썼지만, 매번 실패해서 마음이 많이 상한 건 알아요. 하지만 싫은 건 싫은 거라 어쩔 수 없었어요.

엄마는 해산물을 싫어하는 소현이가 생선을 전혀 먹지 않으려고 해서 걱정이 많았어요. 육류를 먹으면 얻을 수 있는 영양소가 있듯 생선을 먹으면 얻을 수 있는 영양소가 따로 있는 법인데 소현이가 편식을 통 고치려 하지 않으니 속상하기도 했죠.

"여행 왔으니까 좀 봐 줘. 그러다 소현이 울겠어. 당신이 소현이 건강을 걱정하는 건 잘 알겠는데, 오늘만 봐주자."

분위기가 험악해지려는 것 같아 아빠가 슬쩍 소현이 편을 들며 말했어요.

"당신이 맨날 그렇게 말하니까 소현이가 편식을 안 고치는 거야. 해산물 나와서 학교 급식 안 먹고 굶고 왔다고 하면 내가 얼마나 속상한 줄 알아?"

"하지만 엄마……."

소현이는 처음 먹어 본 톳이 맛없어서 못 먹겠다고 한마디 했을 뿐인데, 그 한마디가 잔소리 폭탄으로 돌아온 게 억울했어요. 게다가 엄마, 아빠가 금방이라도 싸울 것 같아서 그것도 속상했어요. 친구를 사귈 때를 생각해 보면 첫인상이 좋지 않았던 친구는 친해지는 데 오래 걸렸는데, 음식이라고 다를까요? 맛없는 걸 맛없다고 했을 뿐인데 긴 잔소리로 돌아오다니!

"뭐가 하지만이야. 얼른 밥 먹어. 갈치 발라 줄게. 갈치 살 발라서 양념하고 밥에 비벼 먹으면 맛있어."

엄마는 집념이 누구보다 강했어요. 포기를 모르는 사람이었지요. 특히 소현이의 건강에 대해서라면 더욱 그랬어요.

엄마가 갈치 살을 발라 주며 조금은 누그러진 목소리로 말했어요.

"소현아, 먹어 봐. 엄마가 이렇게 살을 발라 주면 먹을 수 있겠지?"

그 모습을 바라보는 소현이의 얼굴은 파랗게 질렸어요. 소현이는 구이도 싫어하지만 빨간 양념으로 만든 생선조림을 더 싫어해요. 비린내와 매운 냄새가 섞여서 더 먹기 싫은 냄새가 나거든요.

"자, 먹어 봐."

엄마가 살을 바른 갈치를 소현이의 밥에 올려주었어요. 전복에 갈치라니! 소현이는 한 입도 먹고 싶지 않았어요.

"엄마, 저는 정말 못 먹겠다고요. 안 먹을래요."

눈물이 그렁그렁하던 소현이는 결국 울음을 터뜨렸어요. 잔소리에 억울한 마음, 먹기 싫은 마음이 복잡하게 얽혀 눈물이 줄줄 나오지 뭐예요.

"얘가 정말! 뚝 그쳐! 먹기 싫다고 우는 게 어디 있니?"

소현이는 한참을 펑펑 울었어요. 엄마와 아빠는 당황해하며 소현이를 달래 주려고 했지만, 앞으로는 생선을 먹지 않아도 된다고 말해 주지는 않으셨어요.

숙소로 가는 차 안에서 소현이는 밥도 먹지 못하고 너무 오래 운 탓에 배가 매우 고팠어요. 하지만 소현이는 배고프다고 말했다가 또 핀잔을 들을까 봐 아무 말도 하지 못했어요. 창문 밖으로 먼 하늘만 쳐다보며 꼬르륵 소리가 나는 배를 움켜쥐고 잠이 들 수밖에 없었답니다. 그렇게 제주도에서의 마지막 밤은 눈물과 주린 배로 슬프게 마무리되었답니다.

6. 내 키가 꼴찌라고?

 길 것만 같던 한 달이 금방 지나고 개학 날이 되었어요. 소현이는 친구들을 만날 생각에 기분이 좋아졌어요. 지민이와 찬성이에게 방학 동안 있었던 일들을 얘기해 줄 생각을 하니 신이 났어요.

 가벼운 발걸음으로 공원도 지나고, 명자씨 떡볶이집도 지나고, 편의점도 지나 학교 교문으로 들어섰어요.

 "소현아!"

 갑자기 누군가 소현이를 불렀어요. 소현이는 자기를 부르는 소리

를 듣고 두리번거리다가 저 멀리서 손을 흔드는 사람을 발견했어요.

소현이를 부른 사람은 다름 아닌 지민이었어요.

"소현아, 내가 아까부터 불렀는데 못 들었어?"

지민이가 달려와서 힘들었는지 허리를 숙인 채로 숨을 헐떡이며 말했어요. 그러고는 숨을 다 고르고 허리를 곧게 폈는데…….

"어? 너 키가 왜 이렇게 컸어?"

소현이보다 작았던 지민이가 소현이보다 키가 커졌어요. 소현이는 속으로 몹시 당황했어요. 반에서 제일 작았던 지민이가 소현이보다 키가 커서 왔어요. 소현이는 방학 동안 키가 그대로인데 지민이는 키가 더 커져서 이제 반에서 가장 작은 사람은 소현이 자신일 수도 있다는 생각에 갑자기 앞이 캄캄해졌어요.

"아, 내가 좀 컸지? 나 방학 동안 5센티미터 컸거든."

지민이는 어깨를 으쓱하며 말했어요.

"뭐? 정말? 어떻게 그렇게 컸어?"

소현이는 깜짝 놀랐어요. 속으로 부러운 마음이 생겼어요. 소현이는 매일 밤 키 크는 체조도 하고, 9시에 자는데도 키가 잘 안 크거든요.

"그냥, 갑자기 컸어. 할머니 댁에서 이것저것 많이 먹어서 그런가, 자고 일어나면 크더라고. 너무 놀랍지 않아?"

지민이는 그동안 골고루 먹는데도 반에서 키가 제일 작은 게 억울했다고 했어요. 어른들의 잘 먹어야 잘 큰다는 말은 모두 거짓말이라고 생각했을 정도니까요. 하지만 이번 여름방학에 키가 확 크면서 어른들의 말을 믿게 되었답니다.

"그래? 부럽다. 나도 할머니 댁에 갔어야 했나?"

소현이는 개학 날 아침부터 우울해지기 시작했어요.

"소현이 너는 좀 더 잘 먹으면 잘 크지 않을까? 네가 잘 안 먹으니까 잘 안 크는 것 같아."

지민이는 골고루 먹는 것이 해결책이라고 생각하고 말을 했지만, 소현이는 그 말이 자기를 탓하는 것 같아 울컥했어요.

"아니, 내가 안 먹고 싶어서 안 먹는 건 아닌데……."

"하지만 안 먹는데 어떻게 키가 크겠어. 네가 더 잘 먹어야지."

믿었던 친구에게 발등을 찍히는 기분이 딱 이런 걸까요? 지민이가 무심하게 내뱉는 말을 듣고 있자니 소현이는 슬슬 화가 났어요. 어른들에게 매일 편식 때문에 야단을 맞는 것도 억울한데, 친구인 지민이에게도 그런 소리를 듣다니 기분이 아주 나빴어요. 게다가 원래 자기보다 작았던 지민이가 겨우 5센티미터 커졌다고 기세등등한 것으로 보여서 기분이 더 나빴어요.

"너 왜 그렇게 얘기해? 내가 안 먹고 싶어서 안 먹는 것도 아니고, 맛이 없어서 못 먹겠다는 거잖아. 내가 맛에 예민해서 그런 건데, 어떻게 그렇게 얘기해?"

"아니, 소현아 그게……."

지민이는 자기가 한 말이 매일 편식 때문에 야단을 맞는 소현이가 기분 나빠할 수 있는 말이란 걸 뒤늦게 깨달았어요. 그래서 사과하려고 했지만, 소현이는 지민이의 말을 들으려고 하지 않고 성큼성큼

걸음을 내디뎌 앞으로 가 버렸어요.

"소현아, 지민아, 진짜 오랜만이다."

그때, 찬성이가 소현이와 지민이를 발견하고 뒤에서 빠르게 뛰어왔어요. 찬성이가 오랜만에 만난 소현이와 지민이를 보고 반갑게 인사했는데, 소현이와 지민이는 찬성이를 반갑게 맞아줄 수 없었어요.

"어, 찬성아, 오랜만이네."

지민이가 찬성이를 보고 떨떠름하게 인사했어요. 소현이는 찬성이를 보고 잠깐 발걸음을 멈추었지만 속상한 마음에 그냥 모른 척하고 몸을 돌리고 말았어요.

"너희 왜 그래? 무슨 일 있었어?"

찬성이는 분위기가 이상한 것을 느끼고 물었어요.

"아니야, 그냥……."

지민이가 눈치를 보며 아무 말도 못 했어요.

"소현아!"

찬성이가 소현이를 붙잡고 무슨 일인지 물었어요.

"얘가 나한테 내가 편식해서 키 안 큰 거라고 하잖아. 내가 그 말을 지민이한테까지 들을 건 아니라서 조금 기분 나빴어."

찬성이는 지민이의 말이 틀린 것은 아니라고 생각했어요.

"소현아, 지민이는 네가 잘 먹었으면 좋을 것 같아서 한 말일 거야.

오해하지 말고 기분 풀어."

그 말을 들은 소현이는 더 화가 났어요. 왜 찬성이가 지민이의 편을 드는 건지 이해할 수 없었어요. 따지고 보면 찬성이도 편식하는 거로는 자기와 다를 바가 없는데 말이죠.

"나도 알아. 하지만 내가 왜 선생님이나 부모님도 아니고 친구에게 그런 말을 들어야 하냐고? 난 그냥 지민이가 키가 컸길래 부럽다고만 했을 뿐이야. 나는 매일 엄마한테 잔소리 듣고 선생님한테도 핀잔 듣는데, 지민이가 내 친구라면 그렇게 말하면 안 되잖아."

소현이는 지민이의 편을 드는 찬성이 때문에 더 화가 나서 아무와도 대화하고 싶지 않았어요. 그래서 자신을 붙잡는 친구들의 말을 무시하고 먼저 빨리 걸어가 버렸어요. 반에 도착해서는 짝꿍인 지민이와도, 앞자리에 앉은 찬성이와도 이야기하기 싫었어요.

'개학 첫날부터 이게 뭐야.'

지민이, 찬성이와 싸우자 세상에서 자기편은 한 명도 없는 것처럼 외롭고 서글픈 기분이 들었어요. 게다가 한술 더 떠서 점심시간에는 선생님에게도 잔소리를 들었어요. 급식에 꽁치무조림이 나왔는데, 소현이는 지민이에게 대신 먹어 달라고 할 수도 없어서 결국 남겼어요. 그걸 본 선생님이 또 한소리를 한 거죠.

"소현아, 짝꿍인 지민이는 뭐든 골고루 잘 먹고 키도 5센티미터나

컸잖니. 소현이도 편식하지 말고 잘 먹어서 키 많이 크자. 알겠지?"

 소현이는 정말 기분이 나빴어요. 급식에 꽁치무조림이 나온 것만 해도 기분이 나쁜데, 선생님께 지민이와 비교까지 당하다니요.

 '이게 다 지민이가 키가 혼자 커 버린 탓이야.'

 지민이가 키가 커서 오지 않았다면 지민이에게 기분 나쁜 소리를 들을 일도, 선생님께 비교를 당할 일은 없었을 거라고 생각됐어요.

 소현이는 키가 커 버린 지민이도, 급식에 자꾸 안 먹는 음식을 주는 영양사 선생님도, 맨날 자기 속도 모르고 잔소리를 하시는 어른들도, 편식을 하는 자기 자신도 원망스러웠어요.

7. 키 작은 게 어때서?

 본격적인 사건은 점심을 먹고 오후 수업이 시작되기 전에 일어났어요. 지민이, 찬성이와 싸운 탓에 친구도 없이 엎드려만 있던 소현이에게 태영이가 다가왔어요.
 "박소현, 유지민은 방학 동안 5센티미터나 커 왔다며?"
 "그 얘기를 나한테 왜 해?"
 안 그래도 기분이 안 좋았던 소현이는 지민이 얘기로 시비를 걸어 오는 태영이에게 화가 났어요.

"아니, 이제 지민이가 너보다 크니까 이제 네가 우리 반에서 제일 작잖아."

태영이가 주위를 둘러보며 말했어요. 그러자 다른 아이들도 소현이와 태영이 쪽을 바라보았어요. 반 아이들 시선이 자기에게 향하자 소현이는 얼굴이 빨개지고 말았어요.

"이제 소현이가 키 번호 꼴찌야?"

"소현아, 지민이가 저렇게 클 동안 뭐 했어?"

"그러게, 이제 소현이가 제일 작네?"

다른 친구들도 소현이를 하나둘씩 놀리기 시작했어요.

"태영이 너는 얼마나 크다고 그래? 너나 나나 거기가 거기지."

소현이가 팩 쏘아붙였어요.

"어떻게 너나 나나 같냐? 내가 너보다 5센티미터는 큰데. 일어나 봐. 키 한번 재 보게."

태영이는 소현이를 가만 내버려 둘 생각은 없는 것 같았어요.

"가만히 있는데 왜 와서 시비야? 내가 너보고 공부 꼴등이라면 넌 기분 좋겠냐?"

소현이의 말에 태영이가 발끈했어요.

"뭐? 꼴등? 누가 꼴등이야?"

"네가 꼴등인 거 여기서 모른 사람 있니?"

이렇게까지 얘기하고 싶진 않았지만 한번 말이 삐딱하게 나가니까 제동이 되지 않았어요. 소현이는 그만해야 한다는 생각을 했지만, 자존심이 심하게 상한 나머지 멈출 수가 없었어요.

그 순간 눈치만 보고 자기편을 들어 주지 않는 지민이와 찬성이도 얄미웠어요.

태영이는 얼굴이 붉으락푸르락해지더니 눈가까지 불그스름해졌어요.

"박소현, 너 말 다 했어? 잘됐네. 키 꼴등하고 공부 꼴등하고 친구하면 되겠다. 엉?"

태영이도 자존심이 많이 상한 것 같았어요.

"내가 너랑 왜 친구를 해? 꼴 보기 싫으니까 면상 치워!"

소현이가 팔짱을 끼고 거칠게 말했어요. 그러자 태영이가 발로 소현이가 앉아 있는 책상을 뻥 찼어요.

"아얏!"

소현이는 책상에 무릎을 부딪히고 짧게 비명을 질렀어요. 너무나 아파서 눈앞이 하얘지고 왈칵 눈물이 쏟아졌어요.

"무슨 일이니? 너희들 싸우는 거니?"

그 순간 교실에 들어선 선생님이 교실 안에서 일어난 일을 보고 물었어요.

"박소현, 왜 울어? 태영이가 때렸니?"

"아니요. 태영이가 책상을 발로 찼는데, 그 때문에 소현이가 무릎을 다쳤어요."

반장이 선생님에게 둘이 왜 싸웠는지 이유를 설명했어요.

"박소현은 눈물 그치고, 태영이는 자기 자리로 가서 앉아."

선생님은 소현이와 태영이가 왜 싸웠는지를 듣고 교탁 앞에서 잠시 아무 말 없이 있다가 무겁게 말을 꺼냈어요.

"개학 첫날부터 이게 뭔 일이니? 소현아, 태영아, 선생님은 몹시 실망했다. 친구들끼리 서로의 약점을 가지고 마음 상하게 하면 되겠니? 시작을 누가 했는지가 중요한 게 아니야. 너희가 서로 비난을 해서 둘 다 마음에 상처를 입었다는 거야. 둘이 사과하고 화해할래? 아니면 반성문 쓸래?"

선생님은 차분하게 말했어요. 친구들끼리 싸우는 걸 제일 싫어하는 선생님이라서 최대한 빨리 화해를 시키고 싶었나 봐요.

하지만 소현이도, 태영이도 아무 말 하지 않고 입을 꾹 다물고 있었어요. 선생님은 10초 정도 조용히 기다려 주었어요. 잠깐의 정적에 반 아이들도 잔뜩 긴장해서 둘의 대답을 기다렸어요.

소현이는 교실 안에 흐르는 긴장감을 느꼈지만, 자존심이 상한 만큼 먼저 입을 떼고 싶지 않았어요. 태영이도 마찬가지였나 봐요. 선

생님이 기다려 주었는데도 둘은 누구도 먼저 입을 열지 않았어요.

"휴, 좋아. 이번 시간 끝나고 둘은 선생님 잠깐 만나고 집에 가자."

선생님은 이렇게 말하고 5교시 수업을 시작했어요. 하지만 소현이의 귀에는 수업 내용이 귀에 하나도 들어오지 않았어요. 짝꿍인 지민이도 우울한 표정으로 말 한마디 걸어오지 않았어요. 눈빛도 제대로 못 마주쳤는데, 어떻게 말을 걸었겠어요.

'내가 키 작은 데 자기들이 뭐 보태 준 거 있냐고! 다들 짜증 나!'

소현이는 이대로 집에 돌아가 이불 속으로 파고들어 가 펑펑 울고 싶었어요. 하지만 수업이 끝날 때까지 꼼짝없이 기다려야 했고, 선생님과 만나 반성문도 써야 했어요.

'딩동댕~'

수업이 끝나자 경쾌한 종소리가 울려 퍼졌어요.

"오늘 수업은 이걸로 끝이에요. 소현이와 태영이는 선생님 만나고 가세요."

반장이 인사 구호를 하자 아이들은 일제히 선생님께 인사하고 책가방을 들고 우르르 교실 밖으로 빠져나갔어요. 교실에는 이제 소현이와 태영이만 남게 되었어요.

선생님은 두 사람의 자리 근처에 있는 다른 자리에 앉더니 두 사람을 물끄러미 바라보았어요.

"어때? 지금도 사과하고 화해할 마음 없어? 소현아, 너부터 얘기해 봐."

소현이는 먼저 지목을 당하자 당황했지만, 어렵게 입을 뗐어요.

"선생님, 저는 가만히 있었는데, 태영이가 먼저 와서 놀렸어요. 태영이가 먼저 사과하면 저도 사과할게요."

"그래? 좋아. 태영이도 말해 봐."

태영이는 잠시 입술을 깨물며 망설이더니 선생님을 보며 말했어요.

"제가 소현이한테 사과할게요. 소현아, 키 작다고 놀려서 미안하다."

그 말을 들은 소현이도 사과를 했어요.

"태영아, 나도 미안해. 그렇게까지 말하고 싶지 않았는데, 마음이 뾰족해져서 그랬어."

소현이는 이 말을 하고 다시 왈칵 눈물을 터뜨리고 말았어요. 사과하고 화해를 하면 속이 뻥 뚫릴 것 같았는데 그렇지 않고 더 속상해서 눈물이 터졌어요.

선생님은 소현이가 눈물을 그칠 때까지 기다려 주더니 손수건으로 얼굴을 닦아 주며 집으로 돌아가도 좋다고 했어요.

정말 예상치 못한 개학 날이었어요. 소현이는 마냥 신날 줄 알았던 2학기 첫날이 이렇게 엉망진창이 될 줄 몰랐지요. 집으로 돌아오는 발걸음이 한없이 무거운 것도 그 때문이었을 거예요.

8. 우리는 삼총사

　다음 날 소현이는 아침은 먹는 둥 마는 둥 해서 엄마한테 또 잔소리를 들었지만, 기운이 쭉 빠져서 짜증을 부리지도 못하고 집을 나왔어요.
　오늘은 제일 먼저 첫 번째로 교실 문을 열고 들어갔어요. 빈 교실에 앉아 잠시 숨을 고르고 있자 아이들이 한두 명 들어오기 시작했어요.
　사물함을 열고 책을 정리하고 있는데, 지민이가 뒷문으로 들어오는 게 보였어요. 다른 날 같으면 달려가서 환영했을 텐데, 오늘 소현이는 어제의 앙금 때문에 모른 척 사물함을 뒤적거렸어요. 지민이가 자리에 가서 앉자 소현이도 자리에 가서 앉았어요. 둘이 아무 말도 하지 않고서 각자 가방만 뒤적거리고 있는데, 찬성이가 들어왔어요.

"안녕."

찬성이가 소현이와 지민이를 향해 작게 인사하고 자리에 앉았어요. 전에는 엄청 활기차게 인사하는 찬성이지만 오늘은 찬성이도 눈치를 보고 그렇게 개미 소리처럼 작게 인사한 것이었어요.

"안녕!"

지민이도 작게 인사했어요. 그러나 소현이는 샐쭉한 표정으로 인사를 하지 않았어요. 하루 동안 냉랭한 분위기는 계속되었어요. 소현이도, 지민이도, 찬성이도 서로 눈치만 볼 뿐이었어요. 하지만 말은 하지 않아도 신경은 두 배로 쓰여서 여간 피곤한 게 아니었어요.

점심때가 되었어요. 오늘은 다행히 소현이가 좋아하는 음식들이 나왔어요.

'다행이네. 오늘은 대신 먹어 달라고 하지 않아도 되니까.'

소현이는 점심으로 나온 돼지고기 볶음과 콩나물국을 말끔하게 먹고 식판을 반납했어요. 소현이의 표정이 홀가분했다면, 지민이와 찬성이 표정은 어딘가 찜찜해 보였어요.

문제는 쉬는 시간에 또 벌어졌어요. 태영이가 소현이에게 다가와 또다시 깐족대며 한마디를 했거든요.

"땅꼬마, 오늘은 밥 다 먹었어? 많이 먹어야 큰다. 우쭈주~"

그러면서 머리까지 쓰다듬으며 놀리는 것이었어요.

"이게……."

소현이가 태영이의 손을 쳐내며 한마디 쏘아붙이려 할 때였어요.

"태영이 너 자꾸 소현이한테 왜 그래? 소현이 좋아하냐? 유치하게 왜 자꾸 놀리고 그래?"

옆에 있던 지민이가 치고 나오며 쏘아붙였어요. 그러자 옆에 있던 찬성이도 벌떡 일어나 태영이 어깨를 밀며 한마디 했어요.

"야, 너 친해지고 싶으면 친해지고 싶다고 말해. 유치하게 괴롭히지 말고. 소현이 키가 크든 작든 알아서 하시게 내버려 두시고요."

"뭐냐, 너희."

뜻밖의 지원군에 태영이는 '쳇!' 하고 혀를 차고는 자기 자리로 돌아가 버렸어요.

'이게 무슨 상황이지?'

소현이는 갑작스러운 상황에 화를 내야 한다는 것도 잊고 말았어

요. 그리고 쑥스러운 듯 자리에 앉는 지민이와 찬성이를 차례로 돌아보았어요.

"너희 오늘 뭐 이상한 거 먹었냐?"

소현이가 어리둥절해서 묻자 찬성이가 몸을 획 돌려 싱긋 웃으며 말했어요.

"돼지고기 볶음?"

그러자 옆자리에서 '픽!' 하고 웃는 소리가 났어요. 지민이였어요. 그 소리에 소현이도 더는 참지 못하고 '픽!' 웃고 말았어요.

"소현아, 있잖아……"

찬성이가 한마디 하려고 할 때였어요. 선생님이 5교시 수업을 하러 교실로 들어오셨어요. 찬성이는 하려던 말을 끊고 아쉬워하며 앞을 돌아보아야 했지요.

"끝나고 명자씨 떡볶이 어때?"

소현이가 작은 목소리로 제안했어요.

"콜!"

"오케이!"

옆자리와 앞자리에서 작은 목소리의 대답이었지만, 소현이의 귀에는 아주 크게 들렸어요.

9. 새로운 요리법이 필요해

 소현이는 두 친구에게 어깨를 으쓱하며 말했어요.
 "얘들아, 내가 제일 작은 건 인정할게. 그런데 태영이 정말 혼 좀 나야 해. 어제 그렇게 사과해 놓고 기억력이 하루살이야, 뭐야! 오늘 정말 부글부글했는데 너희 때문에 참았어."
 명자씨 떡볶이집에 셋이 뭉친 건 정말 오랜만이었어요. 방학 동안 내내 못 만났으니까요. 들어오자마자 주문한 떡볶이랑 순대를 기다리고 있자니 침샘이 활발하게 운동하고 있었어요. 입안에 침이 자꾸 고였으니까요.

"태영이는 눈치가 1도 없어. 평소에도 다른 친구들 놀리는 게 취미잖아. 무시해 버려. 지난번에 민진이한테 뚱뚱보라고 놀려서 선생님께 얼마나 혼났니? 정말 언제 철들려나 몰라."

지민이가 탁자를 피아노 치듯 손가락으로 두드리며 말했어요.

"옳소."

찬성이도 곁에서 고개를 끄덕이며 말했어요.

소현이는 자기편을 들어 주는 두 친구가 너무 고마웠어요.

"얘들아, 내가 아까는 너무 놀라서 말을 못 했는데, 미안하고 고마워. 어제 너무 예민하게 굴어서 미안하고, 오늘은 태영이하고 또 싸울 뻔했는데, 편들어 주고 말려 줘서 고마워."

"아니야, 소현아. 내가 네 마음도 모르고 기분 상하게 말해서 미안해. 어제 바로 사과하고 싶었는데 못했어."

지민이도 진심으로 말했어요.

"휴~ 나는 이제야 숨이 쉬어지네. 너희 싸우지 마. 나 심장 쫄려."

찬성이가 활짝 웃으며 말했어요.

"떡볶이랑 순대 나왔다!"

그 순간 명자씨가 기다리기라도 했다는 듯 음식을 내왔어요.

"와우~ 사랑해요, 명자씨 떡볶이!"

소현이가 발을 동동 구르며 말하자 지민이와 찬성이도 포크를 들고 환호성을 질렀어요.

"와우~"

오랜만에 먹는 명자씨 떡볶이는 예술 그 자체였어요. 어제오늘 울적하던 기분이 단번에 날아갈 정도였어요. 명자씨 떡볶이만 먹는다면 말썽꾸러기 태영이도 너그럽게 용서해 줄 수 있을 것 같았어요.

"그럼 우리 화해한 건가?"

지민이가 소현이에게 물었어요. 그러자 소현이도 고개를 끄덕이며 웃었어요. 이때 지켜보고 있던 찬성이가 떡볶이 한 개를 들며 말했어요.

"좋아. 우리 화해의 의미로 떡볶이 건배!"

"좋아, 좋아!"

셋은 그렇게 떡볶이를 하나씩 포크로 찍어 올려 건배를 하고 입속에 쏙 넣었어요.

"화해 기념으로 우리 집 가서 놀래? 게임도 하고 엄마한테 맛있는 것도 만들어 달라 하자."

찬성이가 지민이와 소현이에게 물었어요.

"너희 집?"

"우리 찬성이네 집은 한 번도 가 본 적 없지 않아?"

소현이와 지민이는 눈을 반짝이며 말했어요. 그동안 찬성이가 귀에 딱지가 앉을 정도로 집에 게임기가 있다고 자랑을 했는데 오늘 드디어 만날 수 있게 되었으니까요.

"좋아, 나 너희 집 가 보고 싶어."

소현이와 지민이는 부모님께 허락을 받고 찬성이네 집으로 향했어요. 찬성이네 집에 들어가자 찬성이의 엄마가 소현이와 지민이를 맞아 주었어요.

"안녕, 너희가 소현이랑 지민이구나? 찬성이한테 말 많이 들었어. 누가 소현이고 누가 지민이니? 네가 소현인가?"

찬성이의 엄마가 지민이를 가리키며 말했어요.

"아뇨, 엄마. 얘는 지민이에요."

"아뇨, 저는 지민이에요."

"아뇨, 제가 소현이에요."

지민이와 소현이, 찬성이는 웃으면서 동시에 대답했어요.

"그래? 그랬구나. 그럼 네가 지민이, 네가 소현이. 찬성이랑 재밌게 놀렴. 이따가 간식 좀 가져다줄게."

"네, 감사합니다."

찬성이는 소현이와 지민이를 게임기가 있는 거실로 데리고 갔어요.

"게임하자. 나 재밌는 게임 진짜 많아. 우리 셋 다 같이 할 수 있어."

찬성이는 게임기를 켜서 게임을 이것저것 보여 주며 말했어요.

"우리 저거 하면 안 돼? 나 저거 해 보고 싶었어."

소현이가 자동차 경주 게임을 가리키며 말했어요.

"그래, 우리 경주해 보자."

셋이서 한창 신나게 게임을 하고 있을 때, 찬성이의 엄마가 간식을 가져다주었어요.

"자, 여기, 샌드위치야. 혹시 너희 안 먹는 거 있니?"

찬성이의 엄마가 샌드위치 접시와 우유, 주스 컵이 담긴 쟁반을 탁자에 올려두며 말했어요.

"엄마, 지민이는 뭐든 잘 먹고, 소현이는 우유나 해산물은 싫어해요. 하지만 이 샌드위치에 들어간 거 중에는 안 먹는 거 없어요."

평소 친구들의 식성을 꿰고 있는 찬성이가 엄마에게 말했어요.

"그래? 그럼 주스랑 우유 중에 먹고 싶은 거 골라 먹으렴. 맛있게 먹어."

"네, 잘 먹겠습니다."

소현이와 지민이가 밝게 웃으며 감사 인사를 했어요.

"주스랑 우유랑 둘 다 가져오셔서 고르게 해 주시니까 좋다. 너희

어머니 정말 세심하신 것 같아."

우유를 안 먹는 소현이가 주스를 집어 들며 말했어요.

"그런 편이지?"

찬성이가 장난스럽게 말했어요.

"어, 그런데 이거 당근 아냐? 너 채소는 잘 안 먹잖아."

샌드위치를 베어 물려던 지민이가 샌드위치 속 당근을 발견하고 말했어요.

"어, 그러게. 이거 진짜 당근이잖아. 너 당근 안 먹잖아. 너 이거 먹을 수 있어?"

소현이도 당근을 보고 찬성이에게 물었어요.

"아, 여기 들어간 건 먹어. 이건 그냥 당근이 아니고 당근라페야. 엄마가 방학에 만들어 주셨을 때 한번 먹어 봤는데, 당근치고는 맛있더라고."

당근라페는 채 썬 당근을 소금에 살짝 절여 뒀다가 올리브유, 홀그레인 머스타드, 레몬즙, 설탕, 후추와 함께 버무린 다음 냉장고에 재어 두었다 먹는 음식이에요.

"어떻게 하면 채소를 맛있게 먹을 수 있을지 고민하다가 엄마한테 말씀드렸더니 엄마가 이것저것 검색해 보시더니 당근라페를 찾으셨어. 그리고 바로 만들어 주셔서 먹어 봤는데, 나름 괜찮더라고."

찬성이가 샌드위치를 들어 야무지게 한입 베어 먹으며 말했어요.

"너 그럼 이제 당근 먹어?"

소현이가 찬성이에게 물었어요.

"아니, 다 먹진 않아. 생당근이나 학교에서 달걀찜 나올 때 들어 있는 당근은 아직도 싫어. 이것만 먹어."

찬성이가 소현이에게 말했어요.

"이렇게 다른 방법으로 요리해서 먹을 수 있는 채소가 또 있어?"

찬성이가 어떤 채소든 꺼린다는 것을 알고 있던 지민이가 찬성이에게 물었어요.

"아직 그렇게 많지는 않아. 음, 급식에 나오는 호박볶음은 안 먹지만 호박전은 먹어. 요즘 하나하나 도전해 보는 중이야."

찬성이는 방학 동안 다양하게 채소를 먹는 것에 도전해 보았어요. 도전해 본 채소 중 하나는 시금치였어요. 찬성이가 시금치의 맛과 식감을 모두 싫어해서, 찬성이의 엄마는 고민 끝에 시금치 달걀말이를 생각해 냈다고 해요. 시금치의 식감이 느껴지지 않도록 시금치를 달걀과 함께 갈아서 초록색 달걀말이를 만드는 거예요.

그런데 아이디어는 좋았지만, 시금치 달걀말이는 사실 실패였어요. 찬성이가 초록색만 봐도 채소 맛이 떠올라 한입 먹는 것부터 주저했거든요. 찬성이는 겨우 한입 먹어 보고 고개를 절레절레 저었지요. 시금치 맛은 거의 안 나는 것 같지만 달걀말이는 시금치를 넣는 것보다 그냥 먹는 게 더 맛있었거든요.

"와! 진짜 방법이 있었네."

찬성이가 싫어하는 음식을 맛있게 먹을 수 있는 방법이 있을 거라고 말했던 걸 기억하고 소현이가 활짝 웃으며 말했어요.

10. 우리 엄마도 일등 요리사

찬성이네 집에서 5시 넘어서까지 놀다가 후다닥 집에 돌아오니 저녁 먹을 시간이었어요. 저녁 메뉴는 엄마, 아빠가 일찍 퇴근한 덕분에 오랜만에 소현이가 좋아하는 삼겹살이었어요. 삼겹살이 익기를 기다리며 소현이는 찬성이네 집에서 뭘 하고 놀았는지를 말했어요.

"엄마, 찬성이랑 지민이랑 오후 내내 게임하고 놀았어. 자동차 경주를 했는데, 처음에는 찬성이가 1등, 내가 2등을 했고 지민이가 3등을 했어. 찬성이는 맨날 집에서 게임을 해서 1등을 많이 했지만,

마지막에는 내가 1등 먹었어. 나 소질 좀 있나 봐."

소현이가 신나게 떠드는 것을 보고 고기를 굽던 아빠가 빙그레 웃으며 말했어요.

"그래, 뭐라도 1등 한다니 좋네."

하지만 수저를 놓던 엄마는 염려 섞인 목소리로 말했어요.

"그래도 게임 너무 많이 하면 안 좋아. 휴대폰으로도 게임하는 시간 적당히 해야지, 요새 애들은 너무 많이 해서 문제라고 하잖니."

"그래도 나는 많이 안 하는 편이잖아. 하루 1시간도 안 해."

소현이는 입을 삐죽 내밀며 말했어요.

"그렇긴 하지. 그건 엄마도 기특하고 생각하는 부분이야."

엄마도 고개를 끄덕이며 인정해 줬어요.

"참, 엄마, 찬성이도 채소는 거의 안 먹는데, 오늘 갔더니 찬성이 엄마가 당근라페 들어간 샌드위치를 만들어 줬는데 엄청 잘 먹는 거 있지? 당근라페는 식감이나 맛이 완전 달라서 먹을 수 있대. 찬성이 엄마는 요리를 엄청 잘하나 봐. 엄마도 당근라페 어떻게 만드는지 알아?"

소현이가 물었어요.

"그럼 알지. 찬성이 엄마도 나처럼 고민이 많나 보다. 이런저런 방법을 연구하는 걸 보니……. 그런데 들어 보니 멋진 방법 같네. 나는 왜 그 생각을 못 했지? 우리 소현이도 우유랑 해산물 편식을 하는데, 그렇게 다른 방법으로 새롭게 요리해서 주면 먹을 수 있을지도 모르잖아."

엄마는 그 어느 때보다 밝은 미소를 보이며 말했어요.

"그럼 나도 찬성이처럼 도전해 볼까?"

소현이도 고개를 끄덕이며 말했어요.

"그래 볼까? 소현아, 엄마가 내일부터 요리 솜씨 좀 발휘해 볼까? 네가 먹을 수 있으면 먹는 거고, 못 먹으면 엄마도 강요하지 않을게."

"좋아. 엄마가 강요하지 않으면 오케이!"

소현이가 말하자 엄마는 세상에서 가장 사랑스럽다는 듯이 소현이의 머리를 쓱쓱 두 번이나 쓰다듬고, 양 볼을 손으로 감싸고 톡톡톡 두드려 주었어요.

"여보, 나 완전 의욕 돋아."

그러면서 아빠한테도 신이 난 듯 말했어요.

"좋네. 우리 소현이의 도전을 응원합니다."

아빠도 노릇노릇 익은 삼겹살을 접시에 담으며 응원해 주었어요.

"우유부터 해 볼까?"

엄마는 당장이라도 요리를 할 것처럼 말했어요.

"우유를 이용한 음식이 얼마나 많은 줄 모르지? 생우유를 먹는 것보다 고소하게 먹는 방법도 많단다. 크림스파게티, 그라탱, 감자 우유스프, 우유푸딩……. 왜 엄마가 그동안 다 잊고 살았는지 모르겠네."

"우유를 이용해서 만든 음식이 그렇게나 많아?"

소현이는 놀란 표정으로 말했어요.

"그럼! 소현아, 기대해. 네 엄마 완전 요리사였어. 신혼 때는 이런저런 거 많이 만들어 먹었는데, 회사 다니고 소현이 낳아서 키우느라 바빠서 예전의 요리 열정이 다 사라졌지 뭐야."

엄마의 말과 함께 식탁에 드디어 기다리던 삼겹살이 올라왔어요.

"일단 오늘은 삼겹살로 만족하자. 어때? 소현아, 아빠 고기 잘 구웠지?"

소현이는 일단 아빠에게 엄지 척을 해 주었어요. 그리고 엄마, 아빠가 수저를 들기가 바쁘게 젓가락을 들고 노릇하게 구운 삼겹살을 집어 기름장을 찍은 뒤 입속으로 집어넣었어요.

"역시 꿀맛!"

평생 삼겹살만 먹으라고 하면 좋겠는데, 세상에 음식 종류가 많은 만큼 인생도 그렇게 단순하지만은 않다는 사실에 소현이는 삼겹살을 꼭꼭 씹으면서 어깨를 으쓱거렸어요.

다음 날부터 엄마의 도전이 시작되었어요. 가장 첫 번째 도전 메뉴는 크림스파게티였어요. 토마토스파게티는 평소에 자주 먹었지만, 크림스파게티는 단 한 번도 만들어 먹은 적 없었는데, 오늘은 엄마가 크림스파게티를 만들겠다고 했어요.

"원래 스파게티 소스를 가게 가서 사도 되는데, 우유 넣어서 직접 만들어도 된단다. 버터랑 밀가루, 우유를 같은 비율로 넣어서 끓이면 고소한 소스가 완성돼. 그 다음은 간단해. 삶아 놓은 스파게티 면과 익힌 양파랑 베이컨, 브로콜리, 버섯을 소스에 비비면 크림스파게티 완성!"

소현이가 식탁에서 앉아 지켜보고 있자니 엄마의 말처럼 간단한 것은 아니었어요. 조리대 위, 싱크대 안에는 크고 작은 냄비들이 총동원되었고, 설거지도 하나둘 쌓여 갔으니까요.

하지만 30분도 안 되어 소현이가 앉아 있는 식탁 위에 크림스파게티가 예쁘게 담겨서 놓였어요.

"한번 먹어 봐. 우유 맛 하나도 안 날걸!"

엄마가 잔뜩 기대하는 표정으로 지켜보았어요.

소현이는 반쯤 의심하면서 포크로 스파게티 면을 돌돌 말아 입으로 가져갔어요. 색깔만 보면 엄청 느끼할 거 같았지만 의외로 고소한 맛이 났어요.

"맛있어."

소현이의 눈이 동그래졌어요. 정말 기대 이상이었어요. 비릿한 우유 맛도 안 났어요. 처음 먹어 보는 맛이었지만, 접시를 다 비울 수 있을 것 같았어요.

소현이가 포크를 쉬지 않고 스파게티를 먹자 엄마도 무척 흐뭇한 표정을 지었어요. 약간 감격한 표정 같기도 했지요.

"소현아, 네가 그렇게 먹으니까 엄마가 보람 있다. 정말 왜 이 생각을 못 했지? 우리 소현이가 이렇게 잘 먹는 아인데……"

일요일 오후에는 엄마가 우유푸딩을 간식으로 만들어 주었어요. 솔직히 소현이는 지민이랑 찬성이한테 자랑하고 싶을 만큼 맛있었어요.

"엄마, 이건 어떻게 만드는 거야?"

탱글탱글하면서도 말랑말랑한 우유푸딩도 처음 먹어 본 음식이었어요.

엄마는 두 번 연속 우유로 만든 음식이 성공하자 입꼬리가 귀까지 올라갔어요. 눈에서도 하트가 뿅뿅 쏟아져 나왔지요.

"이것도 간단해. 그런데 엄마는 한번도 만들어 본 게 아니라서 인터넷에서 조리법을 보고 따라 해 봤어. 간식으로는 꽤 인기가 많더라고."

소현이는 엄마가 조리법을 적어 놓은 수첩을 펼치고 읽어 보았어요.

〈우유푸딩 조리법〉

재료

우유 100밀리리터, 설탕 30그램, 노른자 2알
우유 300밀리리터, 젤라틴 3장, 바닐라 에센스 3방울

1. 찬물에 젤라틴을 10분 정도 불린다.

2. 달걀에서 노른자 2알을 분리한다.

3. 노른자 2알에 우유 100밀리리터를 넣고 섞는다. (거품이 많이 생기지 않게 살살)

냄비에 우유 300밀리리터를 넣은 뒤 설탕을 넣고 살짝 끓여 준다.

4. 불려 둔 젤라틴의 물기를 짜서 3의 냄비에 넣는다.

5. 냄비에 끓인 우유가 식으면 3에 부어서 섞는다.

6. 혼합된 우유를 체에 걸러 준다.

7. 작은 병에 담아서 냉장고에 넣은 뒤 2~3시간 놔둔다. (비릿한 맛이 싫으면 바닐라 에센스 넣기)

8. 꺼내면 부들부들 탱글탱글 푸딩 완성!

"우아, 우유가 이렇게 많이 들어갔는데, 비릿하지도 않고 향긋하고 상큼해."

소현이는 조리법을 보고 더 깜짝 놀랐어요. 우유푸딩은 입에서 사르르 녹아서 씹기도 전에 꿀꺽 목구멍을 타고 미끄러져 내려갔어요.

"나도 만들어 보고 싶어."

소현이가 눈을 빛내며 말하자, 엄마가 눈으로 반달 웃음을 지으며 말했어요.

"좋아, 재료도 있으니까 만들어 보자. 이따 아빠 들어오시면 소현이가 만든 것 드리자."

소현이는 당장 팔을 걷어붙였어요. 엄마는 힘들지도 않은지 소현이를 위해 재료를 다시 세팅하고, 순서를 알려 주었어요. 젤라틴을 물에 불려 놓고, 노른자를 분리할 때 큰 위기가 왔지만 아슬아슬하게 무사히 분리할 수 있었어요.

"휴, 큰일 날 뻔했다."

의외로 우유푸딩은 간단한 요리였어요. 엄마가 알려 준 대로 차근차근하니까 작은 병에 담는 마지막 단계까지 왔어요.

"이제 냉장고에 3시간 놔두면 끝!"

소현이는 냉장고에 푸딩 병을 넣어두고 이제나저제나 시계를 들여다봤어요. 아빠가 오시기 전까지 완성이 되어야 할 텐데. 마음이 조마조마했어요.

"엄마, 요리하니까 엄청 재밌어."

"그렇지? 앞으로 재밌는 요리는 엄마랑도 계속해 보자."

엄마가 웃으며 말했어요.

소현이는 처음 먹는 음식이 맛도 좋았고 아빠한테도 이 맛을 알려주고 싶었어요.

11. 떡볶이가 푸딩을 만났을 때

조회 시간 선생님은 탁자에서 아이들을 바라보며 말했어요.

"여러분! 돌아오는 우리 학교 개교기념일에 반마다 특급 이벤트를 하기로 했어요. 장소는 운동장에서 할 건데요. 반마다 자신 있는 이벤트를 하면 됩니다. 벼룩시장을 해도 되고, 떡볶이 같은 걸 만들어 팔아도 되고, 시화전을 해도 되고요, 축제처럼 뭘 해도 상관없어요."

선생님의 말씀에 아이들이 웅성거렸어요.

"시화전은 별로야."

"시화전이 어때서? 동시도 쓰고 그림도 그려서 전시하면 멋지잖아."

"벼룩시장 하자. 슬라임 만드는 거 팔면 좋잖아. 아니면 바자회 같은 것도 좋고."

아이들은 잔뜩 흥분해서 아이디어를 쏟아냈어요.

소현이도 지민이랑 찬성이를 보고 말했어요.

"음식을 만들어 파는 건 어때? 분식처럼 간단하게 만들 수 있는 거."

"난 찬성!"

찬성이가 말했어요. 찬성이니까 당연히 찬성일 줄 알았지요. 지민이도 고개를 열정적으로 끄덕였어요.

친구들의 응원에 소현이가 손을 번쩍 들고 말했어요.

"선생님, 1반은 분식점을 하면 좋을 것 같아요. 축제에 음식이 빠질 수 없잖아요. 간단하게 만들 수 있는 음식들을 한 컵씩 팔면 좋을 거 같아요."

소현이의 말에 몇몇 아이들이 호기심을 보였어요.

"의외네. 편식하는 소현이가 분식점을 하자니까. 그런데 뭔가 차별성이 있으면 좋겠는데! 떡볶이 같은 건 다들 좋아하긴 하지만, 떡볶이만 팔긴 아쉽잖아."

"우유푸딩 어때요? 집에서 만들어 봤는데 엄청 간단했어요. 떡볶이랑 푸딩! 왠지 어울리지 않아요?"

"우유 싫어하지 않았니?"

선생님이 고개를 갸웃하며 말했어요.

"이제는 아니에요. 엄마랑 우유를 이용한 여러 가지 음식을 만들어 먹어 봤는데 엄청 맛있었어요."

소현이가 자신 있게 말했어요.

"그래? 소현이가 편식을 고치려고 노력하고 있었구나. 멋지다. 다른 친구들 생각은 어때요?"

선생님이 반 아이들을 둘러보며 물었어요.

"좋아요! 분식집 이름도 '떡볶이가 푸딩을 만났을 때'로 해요."

찬성이가 큰 목소리로 찬성표를 가장 먼저 던져 주었어요.

"멋진 아이디어 같아요."

지민이도 지원 사격을 해 주었지요. 그러자 몇몇 아이들도 찬성해 주었고, 선생님이 거수로 의견을 물어보자 대부분 아이들은 손을 들어서 개교기념일에는 분식점을 하기로 결정이 되었어요.

"그럼 팀을 짜서 떡볶이 팀, 우유푸딩 팀, 홍보팀, 이렇게 세 조로 나눠서 준비하자."

선생님은 반 아이들을 8명씩 나누어 조를 짜 주었어요.

"떡볶이는 뭐니 뭐니 해도 명자씨 떡볶이지."

떡볶이 팀은 학교 앞 명자씨 떡볶이집에 가서 비법을 물어보기로 했어요.

소현이와 찬성이, 지민이가 포함된 우유푸딩 팀은 소현이네 집에 모여서 주말에 우유푸딩을 연습 삼아 만들어 보기로 했어요.

홍보팀은 '떡볶이가 푸딩을 만났을 때' 초대장을 만들기로 했어요.

당장 다음 주가 개교기념일이다 보니 주말에 소현이네 집에 아이들이 다 모였어요. 소현이 엄마는 복작복작해서 좋다면서 모든 재료를 준비해 주었어요.

"푸딩이 생각보다 간단히 만들어지더라고."

소현이가 엄마의 도움을 받아 설명했고, 아이들은 진지하게 배웠어요.

푸딩 병에 소스를 부어 놓고, 냉장고에 넣자 소현이가 말했어요.

"얘들아, 이제 기다리기만 하면 돼. 3시간 동안 기다리면 말랑말랑 탱글탱글 푸딩이 완성된다는 말씀!"

아이들은 푸딩이 완성되길 기다리면서 조잘조잘 수다를 떨었어요. 오랜만에 학교 밖에서 모여서 그런지 잔뜩 들떴나 봐요. 또 엄마

가 만들어 준 스파게티와 그라탱을 간식으로 먹었어요.

"정말 맛있어요."

아이들은 소현이를 부러워했어요.

"소현아, 엄마가 엄청 요리 잘해서 좋겠다."

소현이는 그 말에 기분이 더 좋아졌어요.

"띠리리리, 띠리리리"

3시간을 꼬박 기다렸더니 알람이 울렸어요. 찬성이가 알람을 맞추어 두었다고 했어요.

"오우~ 찬성이~ 철저하네."

지민이가 찬성이의 어깨를 두드리며 칭찬을 해 주었어요.

"이래 봬도 준비된 요리사 아니겠니?"

찬성이가 어깨를 으쓱하며 말했어요.

"푸딩 꺼내 보자."

아이들은 냉장고에서 꺼내 온 푸딩을 기대에 찬 눈빛으로 바라보았어요.

"오, 모양은 괜찮은데!"

"잘 된 거 같아."

뚜껑을 열고 다들 작은 티스푼을 들고 모여들었어요. 소현이가 한

입을 뜨자 다른 아이들도 우르르 한입씩 떠서 맛을 보았어요.

"와, 맛있다. 다른 아이들도 좋아하겠는걸!"

"기대 이상!"

아이들이 싫어하면 어쩌나 염려하고 있던 소현이는 그제야 긴장이 풀렸어요.

"정말 맛있어?"

"응, 맛있어. 사르르 녹아."

찬성이가 엄지척을 하며 말했어요.

"우리 대박 나는 거 아님?"

지민이도 티스푼을 쪽쪽 빨며 말했어요.

말이 없는 친구들은 푸딩 병에 코를 박고 먹느라 정신이 없었어요. 그만큼 맛있었던 거죠.

12. 우유가 좋아

　수요일, 개교기념일 아침이 밝았어요. 소현이는 아침부터 무척 들떴어요.
　"엄마, 준비물 다 챙겼지? 내가 다시 확인해 볼까?"
　소현이는 거실에 놓은 상자 안을 들여다보며 수첩에 적은 준비물을 점검했어요. 어제는 엄마, 소현이, 지민이, 찬성이가 시장에 가서 필요한 준비물들을 샀고, 오늘은 엄마가 자동차로 학교까지 가져다 주기로 했어요.

"우유, 젤라틴, 생수, 설탕, 달걀, 바닐라 에센스……. 다 있는 것 같은데, 재료가 부족하진 않을까? 혹시 하나도 안 팔리면 어쩌지?"

갑자기 이런저런 걱정이 밀려들었어요.

"괜찮아, 소현아. 우유를 싫어하던 너도 그렇게 맛있게 먹었는걸. 다른 친구들도 좋아할 거야."

엄마가 안심을 시켜 줬어요.

다행히 날씨는 아주 좋았어요. 덥지도 춥지도 않았고, 바람도 솔솔 불었어요.

"날씨까지 도와주는구나. 오늘 우리 박소현 요리사님, 잘할 수 있겠죠?"

엄마가 운전하면서 소현이를 슬쩍 보고는 힘을 불어넣어 주었어요.

"응, 자신 있어. 엄마 딸 믿어 보셔요!"

친구들과는 학교 식당에서 8시에 만나서 우유푸딩을 만들기로 했어요. 푸딩을 냉장고에 미리 넣어둬야 해서 남들보다 일찍 만나 만들기로 했지요. 10시 행사 오픈에 맞춰서 팔 것은 어제 미리 만들어 둔 것을 가져왔어요.

운동장에 차를 세우자 지민이와 찬성이가 등나무 아래에서 기다리고 있다가 달려왔어요.

"빨리 왔네. 재료 옮기는 거 도와주려고 기다리고 있었어."

"역시 내 절친들~"

소현이가 두 친구를 보며 활짝 웃어 보였어요.

식당에 들어서자 푸딩 팀은 이미 다 와 있었어요. 푸딩은 20개씩 나누어서 만들기로 했어요.

"먼저 만들어진 걸 파는 동안 다른 걸 또 만들어 두자."

지난주 같이 만나서 만들어 봐서 그런지 아이들은 손발이 착착 맞았어요. 2차분을 냉장고에 넣어 두고 기다리고 있는데, 떡볶이 팀이 들어왔어요.

"얘들아, 벌써 와 있었네. 우린 여기서 재료 손질하고, 밖에 나가서 만들려고. 명자씨 떡볶이보다 훨씬 맛있을 테니 기대하시라!"

그 시간 밖이 조금씩 소란스러워졌어요. 10시에 행사를 시작하니, 9시쯤부터 슬슬 준비하는가 봐요.

"우리 나가서 보고 오자."

소현이는 친구들과 운동장으로 나가서 1반 천막이 있는 곳으로 가 보았어요. 홍보팀이 "떡볶이가 푸딩을 만났을 때" 초대장을 예쁘게 만들어 왔어요.

떡볶이가 푸딩이 만났을 때 어떤 일이 벌어질까요?
매콤달콤 탱글탱글 마법 같은 일이 일어나요.
기분 나쁜 일, 울적한 일, 짜증 나는 일,
모두 순삭되는 시간, 1반으로 오세요~

손으로 일일이 쓰기는 힘들었는지 글씨를 써서 복사를 하고, 주변에 예쁜 그림을 그렸어요. 떡볶이 그림을 그려 놓기도 하고, 우유푸딩을 그려 놓기도 했어요. 어찌 됐든 세상에 하나뿐인 초대장이었지요.

시화전을 준비하는 반도 있었어요. 재미없을 거라고 했는데, 막상 큰 널판에 그림을 그리고 동시를 써서 전시해 두니 꽤 멋져 보였어요. 바자회를 하는 반도 있었는데 바자회는 세 반이나 되었어요. 소현이네 반까지 했으면 네 반이나 될 뻔했어요.

"분식을 파는 데는 없나 봐. 다행이다."

지민이가 쓱 돌아보고 말했어요.

"우리가 희소성이 있네."

찬성이가 말했어요.

"희소성? 희소성이 뭐야?"

소현이가 물었어요.

"하나뿐이라서 가치가 더 높다는 말이야. 우리 아빠가 맨날 하는 말이야. 남들 따라 하지 말고 하고 싶은 걸 하라면서."

찬성이가 말했어요.

"아하! 그렇게 어려운 말을 쓰다니 대단해~"

지민이가 찬성이를 치켜세우며 말했어요.

슬슬 학교 아이들이 모여들기 시작했어요. 시간을 보니 10시 10분 전이었어요. 식당으로 다시 가는데 떡볶이 팀이 재료를 들고 운동장으로 막 나가려던 참이었어요.

"화이팅!"

소현이가 떡볶이 팀에게 응원을 해 주었어요.

"어, 너희도 잘해."

떡볶이 팀 아이들도 응원을 해 주고 나갔어요.

1차분 우유푸딩을 들고나와서 테이블에 진열하자마자 같은 영어 학원에 다니는 3학년 예솔이 언니가 1반 천막에 들어와서 물었어요.

"소현아, 이거 뭐야?"

"예솔 언니, 우리 우유푸딩 팔아. 이거 정말 맛있어."

"응? 너 우유 안 먹지 않아?"

예솔 언니가 고개를 갸웃하며 물었어요.

"노노~ 이제는 잘 먹어요. 이거 정말 맛있음."

소현이가 열정적으로 소개하자, 예솔 언니가 천 원을 주고 우유푸딩을 하나 사 갔어요.

"야호, 우리 벌써 개시했어."

뭔가 기분 좋은 예감이 들었어요. 어쩌면 우유푸딩을 식당에서 쉴 새 없이 만들어야 할지도 모르겠다는 느낌이랄까.

그사이 떡볶이도 완성이 되었어요. 매콤하면서도 달콤한 냄새가 운동장에 퍼졌어요. 아이들은 그 냄새에 홀려 하나둘씩 모여들기 시작했어요. 이곳저곳 부지런히 둘러보고 오는 친구들도 있었고, 금강산도 식후경이라고 가장 먼저 들르는 친구들도 있었지요.

떡볶이를 먹고 나서는 부드럽고 순한 푸딩 쪽으로 자동으로 발걸음을 옮긴 친구들도 있었고 푸딩이 맛있다며 또 푸딩만 먹으러 온 친구들도 있었어요. 푸딩은 예상밖에 아주 인기가 좋았어요.

"소현아, 이거 정말 맛있다. 선생님한테도 만드는 법 알려 줄 수 있어?"

담임 선생님도 찾아와서 한 개를 사 먹어 보고는 감탄을 했어요.

다들 맛있다고 하니까 소현이는 광대뼈가 치솟아 내려올 줄 몰랐어요. 비릿해서 끔찍하다고만 생각하고 몸서리를 쳤는데 우유가 자기에게 이렇게 큰 기쁨을 줄지는 몰랐던 것이지요.

"선생님, 저 이제 우유 완전히 극복했어요. 어쩌면 오늘부터 우유를 사랑하게 될지도 몰라요."

소현이가 활짝 웃으며 말했어요.

"그래? 그거 정말 반가운데! 그럼 해산물도 이렇게 도전해 볼 수 있으려나?"

"해, 해산물요? 그, 그건 아직……."

소현이가 말을 더듬자, 선생님이 싱긋 웃으며 말했어요.

"혹시 아니? 해산물도 우유처럼 사랑하게 될 날이 올 줄?"

"그럴까요? 그러겠죠?"

소현이는 선생님의 말씀을 듣고 당장은 어렵지만 언젠가는 우유처럼 좋아할 수도 있겠다고 생각했어요. 이제는 뭐든 도전을 할 수 있겠다 여겨졌거든요.

13. 겨울방학 특급 이벤트

2학기는 순식간에 흘러갔어요.

방학을 앞두고 소현이의 최대 고민은 다이어트였어요. 이제는 가리는 음식도 없이 이것저것 잘 먹었어요. 비릿해서 못 먹던 우유는 아무것도 안 넣고도 꿀꺽꿀꺽 마실 만큼 잘 먹고, 해산물도 하나씩 하나씩 도전해서 오징어, 조개류, 고등어나 갈치… 밥상에 어떤 요리가 올라와도 얼굴 한번 찡그리지 않고 젓가락을 들었어요.

이제는 꿈속에 멸치 떼가 몰려와도 손잡고 하하, 호호 웃으며 놀

수도 있을 것 같았어요. 솔직히 소현이도 입맛이 이렇게 바뀔 수 있다는 게 신기했어요.

"우리 소현이는 이제 가리는 것도 없이 잘 먹네. 포동포동 살찐 것 좀 봐. 키도 쑥쑥 크겠는걸."

엄마, 아빠는 흐뭇한 미소를 지었어요. 사실 이 모든 게 엄마, 아빠의 노력이었다고 할 수 있어요. 엄마는 바쁜 시간에도 불구하고 우유나 해산물이 들어간 각종 요리를 해 주었고, 아빠도 주말이면 맛집을 찾아다니며 소현이에게 해산물이 얼마나 맛있는지 알려 주려고 애를 썼어요.

"소현이 때문에 아빠 한 달 용돈 바닥난 거 알지?"

아빠는 텅 빈 지갑을 꺼내 보이며 엄살을 떨기도 했지만, 소현이가 한 젓가락이라도 맛있게 먹는 모습을 보면 입꼬리가 귀까지 치켜 올라가곤 했어요.

잘 먹는 만큼 키도 조금씩 자라서 한 학기 만에 다시 지민이와 비슷해졌어요. 곧 있으면 찬성이도 따라잡을 태세였지요.

소현이는 찬성이와 지민이 몰래 뒤에서 슬쩍 키를 재 보면서 미소를 짓곤 했어요.

'소현아, 찬성아, 조금만 기다려. 후후!'

방학식을 앞두고 소현이는 조금 심각한 고민에 빠졌어요.

"키만 쑥쑥 크면 좋겠는데, 어째서 이렇게 배가 나오지?"

사실 배만 불룩 나온 게 아니었어요. 팔다리도, 얼굴도 포동포동해져서 거울을 볼 때마다 꼭 다른 아이를 보는 것만 같았어요.

"소현아, 나는 예쁘기만 한데, 왜 그러니?"

아빠는 포동포동한 소현이의 뺨을 쓰다듬으며 너털웃음을 지었지만, 소현이는 걱정이 태산 같았어요.

"위로는 안 크고 옆으로만 퍼지면 큰일인데……."

소현이의 입이 삐쭉 나오자 엄마도 한마디를 거들었어요.

"진짜 운동을 해야 하나……."

소현이와 엄마가 똑같이 심각한 표정을 짓자, 아빠가 말했어요.

"어휴, 걱정도 지나치면 문제야. 잘 먹고, 운동도 열심히 하면, 키도 쑥쑥 키고 몸도 건강해질 거야."

"과연……?"

소현이는 의심을 완전히 거두긴 힘들었지만, 아빠의 말을 믿어 보기로 했어요.

방학식 날, 소현이와 지민이, 찬성이는 학교를 나오며 잔뜩 들떴어요. 이번 방학에는 모두 곰처럼 집에서 겨울을 난다고 하여 자주 만나 볼 수 있겠다 싶었지요.

2학기 동안 셋 다 포동포동 살이 올라서 이제는 진짜 닮은꼴 삼

총사가 되었지 뭐예요.

"야, 너희들, 또또쿡쿡 보니? 텔레비전 프로그램인데, 일반인들이 참가해서 요리 대결을 하잖아. 줌으로 촬영하고 방송하니까 부담 없이 참가하던데, 우리 삼총사도 거기 출연해 볼까? 어때?"

찬성이가 제안을 했어요.

"오, 나 그 프로그램 봤어. 애들도 많이 나오긴 하더라."

지민이가 거들었어요.

"오, 우리, 일등 먹는 거 아냐?"

소현이도 단번에 찬성했어요.

"요리 실력 되지, 얼굴 되지, 팀워크 최고지, 당연히 일등이지."

찬성이가 신발주머니를 빙글빙글 돌리며 말했어요.

"무슨 요리를 하지? 당장 내일부터 요리 조리법 짜고 연구해 보자."

기대감이 부풀어 셋은 겨울 찬바람이 하나도 차갑지 않았어요. 이번 겨울방학은 이런 특급 이벤트도 있고, 셋이 특별히 더 신나게 보낼 것 같아 설레기까지 했어요.

〈끝〉

부록1 몸도 마음도 튼튼해지는 바른 식습관 ①

올바른 식습관을 갖춘 어린이는 식사 시간이 즐거워요. 엄마, 아빠가 억지로 강요하지 않아도 편식하지 않고 음식을 스스로 맛있게 먹지요. 몸도 마음도 더 튼튼해지고, 식사 시간이 기다려지는 바른 식습관, 어떤 것들이 있을까요?

★음식은 다양하게 골고루 먹어요.

- 음식은 편식하지 않고 골고루 먹어야 영양분을 고루 섭취할 수 있어요.
- 생선, 살코기, 달걀, 콩 제품 등 여러 가지 단백질 식품을 매일 한 번 이상 먹어요. 우리 몸의 3대 영양소 중의 하나인 단백질은 우리 몸에 필요한 근육과 장기, 호르몬, 혈액 등을 구성하는 요소예요. 우리의 몸을 유지시키고, 성장하는 데 중요한 역할을 하지요.
- 우유에는 칼슘을 비롯해 100가지가 넘는 영양소가 고루 들어 있어요. 우유를 매일 두 컵 이상 마셔야 해요.
- 식사 시간마다 다양한 채소 반찬을 먹어요. 채소 반찬에는 비타민, 무기질과 같은 필수 영양소가 들어 있어요.

★식사는 제때에 먹고, 자극적이지 않게 싱겁게 먹어요.

- 아침에 눈곱 떼고 학교 가기 바쁘더라도 아침 식사는 꼭 먹어야 해요.
- 음식은 천천히 꼭꼭 씹어 먹어야 소화가 잘 돼요.
- 왜 맛있는 음식은 다 짜고 달고 기름질까요? 나트륨이 많이 들어 있는 짠 음식, 단 음식, 기름진 음식은 적게 먹어야 해요. 자극적이지 않게 싱겁게 먹는 습관이 좋아요.

★간식은 안전하고 먹고, 절제해서 먹어요.

- 과자나 탄산음료, 패스트푸드는 자주 먹지 않아야 해요. 설탕과 나트륨이 많이 들어 있어 비만을 유발할 수도 있지요.
- 불량식품을 구별할 줄 알아야 하고, 함부로 사 먹지 않으려고 노력해야 해요.
- 식품의 영양 표시와 유통기한을 확인하고 먹어요.
- 간식으로는 신선한 과일과 우유 등을 먹는 게 좋아요.

부록2 몸도 마음도 튼튼해지는 바른 식습관 ②

균형 있게 잘 먹는 것도 중요하지만 어떤 자세로 먹는지도 중요해요. 바른 식생활 습관으로 몸도 마음도 더 건강해지는 방법을 살펴봐요.

★알맞게 먹고, 많이 움직여요.

- 먹기만 하고 움직이지 않는다면 건강해질 수가 없어요. 매일 한 시간 이상 적극적으로 신체 활동을 해야 해요.
- 텔레비전 시청과 컴퓨터 게임, 모바일 게임을 하루에 총 두 시간 이내로 제한해요.
- 식사와 간식은 시간을 정해 놓고 규칙적으로 먹되, 적당한 양을 먹어야 해요.
- 자기 나이에 맞는 키와 몸무게를 알아서, 표준 체형을 유지하도록 노력해요.

★가족과 함께 식사를 하고, 예의 바르게 행동해요.

- 식사는 될 수 있으면 가족과 함께 하도록 노력해요. 늦잠을 자거나 다른 놀이를 하고 싶더라도 식사 시간만큼은 지키도록 노력해야 해요.
- 음식을 먹기 전에는 반드시 손을 깨끗이 씻어야 해요.
- 음식은 바른 자세로 앉아서 먹어야 해요. 산만하게 행동해서 식사를 방해하거나 돌아다니면 다른 사람에게 방해가 될 수 있어요.
- 음식은 먹을 만큼 담아서 남기지 않고 먹어야 해요.
- 음식을 먹기 전, 먹고 난 후 감사하다고 말해요.